Thomas W. Albrecht

Besser streiten

THOMAS W. ALBRECHT

Besser streiten

Wie du dich bei Konflikten ruhig und sachlich durchsetzt

GOLDEGG

Umschlaggestaltung: Kathrin Steigerwald, Hamburg
Rechte Autorenfoto: PicturePeople

Der Verlag und seine Autor:innen sind für Reaktionen, Hinweise oder Meinungen dankbar. Bitte wenden Sie sich diesbezüglich an verlag@goldegg-verlag.com.

Der Goldegg Verlag achtet bei seinen Büchern und Magazinen auf nachhaltiges Produzieren. Goldegg-Bücher sind umweltfreundlich produziert und orientieren sich in Materialien, Herstellungsorten, Arbeitsbedingungen und Produktionsformen an den Bedürfnissen von Gesellschaft und Umwelt.

ISBN: 978-3-99060-324-6

Unter den Linden 21 • D-10117 Berlin
Telefon: +49 800 505 43 76-0

Goldegg Verlag GmbH, Österreich
Mommsengasse 4/2 • A-1040 Wien
Telefon: +43 1 505 43 76-0

E-Mail: office@goldegg-verlag.com
www.goldegg-verlag.com

Layout, Satz und Herstellung: Goldegg Verlag GmbH, Wien
Printed in the EU

Disclaimer

Die in diesem Buch aufgezeigten Empfehlungen sollen dich dabei unterstützen, Konflikte gehen zu lassen. Konflikte können jedoch sehr tiefgründig und subtil sein, wo viele zusätzliche Aspekte beteiligt sein können, die in diesem Buch nicht erläutert sind, da sie den Rahmen sprengen würden. Hole dir professionelle Hilfe, sobald du bemerkst, dass du nicht weiterkommst. Kommt es in deinem Umfeld zu tätlichen Angriffen oder anderen Formen von Gewalt, wende dich sofort an die örtliche Polizei. Hast du körperliche Beschwerden oder Schmerzen, rufe unverzüglich einen Arzt oder suche das nächstgelegene Krankenhaus auf.

Inhaltsverzeichnis

VORWORT

Problemlösung, Selbstbewusstsein und zu den eigenen Werten stehen: Das sind die Themen dieses Buches. Ja, es sind schon mehrere Bücher zu diesen Themen geschrieben worden, aber beim Lesen dieses Buches merkt man die erfahrene Hand eines Coachs. Der Autor bietet anhand von verständlichen Beispielen einen Weg zu einfachen Lösungen in verschiedenen Konfliktsituationen.

Wir identifizieren uns über Grundwerte, die wir uns über Erziehung, Sozialisierung und Erfahrung angeeignet haben und als tragende Säulen unserer Person sehen. Daher verteidigen wir diese Werte gegen Verletzungen. Diese spontanen Reaktionen melden sich immer zuerst, ohne die Chance, dass Vernunft, Logik oder Objektivität die Richtigkeit und Wichtigkeit der Fakten in der jeweiligen Situation prüfen. Die Gefahr besteht, dass wir zu einem Automaten unseres »Museums« (Archivs) werden, anstatt selbstständig zu urteilen und zu reagieren.

Mit Einfachheit hält der Autor uns einen Spiegel vor Augen, der uns zeigt, welche Wirkung unser Unterbewusstsein auf unser Verhalten hat. Neue Überlegungen und Bildkorrekturen im Hier und Jetzt schaffen eine andere Wahrnehmung und ermöglichen eine Neubewertung und einen anderen Blickwinkel auf die Situation und die Verletzung unserer Werte.

Schön zeigt der Autor durch Beispiele die Wichtigkeit, die Welt durch die Augen anderer zu entdecken. Die Akzeptanz anderer Ansichten erweitert unsere eigene Weltanschauung. Die Lösung liegt oft in der Fusion beider Welten. Wie einfach wird es, wenn wir die Welt der anderen und die eigene Welt als gleichberechtigt ansehen.

Ich bin überzeugt, dass jeder Leser und jede Leserin einen neuen Blick auf sich selbst und auf die Beziehungen zu seiner oder ihrer Umwelt gewinnen wird.

Samy Molcho

»Besser« streiten oder besser »streiten«?

Noch vor wenigen Jahren bin ich jedem Konflikt aus dem Weg gegangen und habe meinen Ärger darüber in mich hineingefressen. So war es tatsächlich: Ich wich Meinungsverschiedenheiten aus, vermied Auseinandersetzungen und traute mich nicht, Andersdenkenden oder Widersachern etwas entgegenzusetzen. Das ärgerte mich natürlich. Es war meine gefühlte Abhängigkeit von anderen, die mich wahnsinnig machte. Als Ersatzhandlung habe ich viel zu viel ungesunde Nahrungsmittel in mich hineingestopft, und mein Körpergewicht war weit jenseits der Marke, die man Idealgewicht nennt.

Einerseits war es mein schwaches Selbstwertgefühl, das es mir nicht erlaubte, mich auf meine Hinterbeine zu stellen und mich durchzusetzen, andererseits wusste ich auch nicht, wie ich mich denn durchsetzen sollte. Ich hätte besser viel mehr streiten sollen, und ich hätte viel mehr besser streiten sollen, als ich es konnte. Erst durch meine persönliche Transformation und mein Coaching, das ich durch Stewart Emery erfahren durfte, konnte ich mein Selbstwertgefühl steigern. Ich erkannte plötzlich, dass meine Meinung zählt, dass ich nicht mehr der kleine Junge von früher war, der sich alles gefallen lassen musste. Ich lernte auch zu sagen, was ich möchte, und dies in einer Form, die andere Menschen gut annehmen können. Zu einem besseren Streiten gehören somit ein gutes Selbstwertgefühl und entsprechende Formulierungen, um seinen Willen durchzusetzen.

Heutzutage prasseln Probleme, Meinungsverschiedenheiten, Konflikte und Auseinandersetzungen geballt auf uns ein. Die Preise steigen ins Uferlose, die Klimakrise macht uns schwer zu schaffen, die Folgen des Krieges in der Ukraine und Covid-19 zeigen tagtäglich, welche Macht sie über uns haben. Genauer gesagt sind es aber weder die Inflation noch die Klimakrise, der Krieg oder Covid-19, die Konflikte fördern, sondern es ist unser Umgang damit. Es sind unsere Unsicherheit, Hilflosigkeit und Ängstlichkeit, die uns zu schaffen machen. Und es ist eine neue Ideologie, die unsere Meinungsfreiheit bedroht. Im Namen von Gerechtigkeit und Antirassismus wird jedes falsche Wort zum Anlass genommen, Intoleranz und Hass zu erzeugen. Egal, ob man zu weiß, zu schwarz, zu dick, zu dünn, zu groß, zu klein, zu modisch, zu altbacken, zu reich oder zu arm ist, um nur einige Beispiele zu nennen, man läuft Gefahr, von der jeweils vom Gegenteil überzeugten Gruppe gemobbt und der Diskriminierung für schuldig befunden zu werden. Man könnte das Gefühl bekommen, nicht mehr seine Meinung sagen zu dürfen, ohne als Rassist, Querdenker, Ignorant oder Frauenverächter abgestempelt zu werden. Zu oft lassen sich die Gemobbten zum Schweigen bringen. Zu oft bekommt eine kleine Gruppe die Oberhand, indem sie ihre Sichtweisen derart aggressiv zur Schau stellen, dass die anderen den Kopf einziehen und jeder Konfrontation aus dem Weg gehen.

Eine produktive Streitkultur ist hier vonnöten. Ein besseres Streiten ist dringend erforderlich. Es muss gestritten werden, um unsere Meinungsfreiheit zu bewahren, um unterschiedliche Sichtweisen zu respektieren und einen friedvollen Umgang miteinander leben zu können.

Besser streiten ist sowohl ein Auftrag als auch eine Fertigkeit. In diesem Sinne soll dieses Buch verstanden werden. Streit, Konflikte und Auseinandersetzungen, die nicht gelöst werden, sind wie Parasiten, sie fressen die Seele auf. Sie sind wie unermüdliche Nager, die einem das Leben schwer machen. »Soll ich das machen, oder soll ich besser jenes tun?«, ist eine der häufigen Fragen, die sich Menschen stellen, wenn sie sich in inneren Konflikten gefangen fühlen, wenn ihre Gedanken unermüdlich wie ein Karussell kreisen und keinen Ausweg finden. Es ist, wie wenn zwei oder mehrere Seelen in der Brust unterschiedlicher Meinung sind und diese Meinungsverschiedenheit miteinander austragen.

»Ja, aber ...«, hören wir unentwegt. Findet man sich in einem Konflikt mit jemand anderem wieder, vielleicht mit einem Familienmitglied, einer Freundin oder einem Arbeitskollegen, dann wird der eigene Standpunkt mitunter so richtig einzementiert.

> *Nur keinen Zentimeter bewegen, das könnte als Zeichen von Schwäche bewertet werden – und wer will sich schon so eine Blöße geben?*

Ein richtiger Teufelskreis kann sich entfachen, von wortgewaltigen Auseinandersetzungen hin bis zur gegenseitigen Vernichtung. Schon die Anzahl der bei Gericht anhängigen Prozesse zwischen Nachbarn, Geschäftsleuten und sich trennenden Ehepartnern bestätigt, wie wenig sich Konfliktparteien oft selbst helfen können.

»Ja, aber was soll ich denn sonst tun?«, hören wir allzu oft als Zeichen der eigenen Hilflosigkeit. Hilflos sind Menschen auch, wenn sie nicht direkt in einem Konflikt stecken, sondern »nur« Betroffene vom Ausgang des Konflikts sind. Ich denke hier an die vielen Kinder und Jugendliche, die Scheidungsopfer geworden sind. Oder an jene, deren Mutter oder Vater im Zuge einer gewalttätigen Auseinandersetzung ums Leben gekommen ist. Oder an jene, die unter den steigenden Energiepreisen, unter dem Klimawandel und dem Krieg in der Ukraine leiden. Wie könnten wir uns verhalten, um diesen Menschen zu helfen? Wie könnten wir uns verhalten, wenn wir auf den Konflikt und dessen Auswirkungen keinen direkten Einfluss nehmen können?

In diesem Buch möchte ich dir anhand alltäglicher Situationen einige Lösungsmöglichkeiten aufzeigen, wie du mit inneren und äußeren Konflikten bestmöglich umgehen kannst. Ich möchte dir zeigen, wie du Initiative ergreifen kannst, und wie du bei Konflikten ruhig und sachlich bleiben kannst, wie du Konflikte lösen und inneren und äußeren Frieden herstellen kannst. Konflikte können dich krank machen, schon deshalb solltest du sie so schnell wie möglich aus dem Weg räumen, dir und deiner Gesundheit zuliebe.

Das Museum deiner Erinnerungen

Im Laufe unseres Lebens haben wir es mit vielen und sehr unterschiedlichen Auseinandersetzungen, Unstimmigkeiten, Meinungsverschiedenheiten, Streitigkeiten und manchmal auch Kämpfen zu tun. Wenn es zum Beispiel um die Kindererziehung geht, können Mutter und Vater unterschiedlicher Meinung sein, was sie dem Kind erlauben sollten und was besser nicht. Lernen für die Schule, Schlafens- und Ausgehzeiten, Onlinespiele, Freizeitbeschäftigungen und oft auch die Freunde führen immer wieder zu Diskussionen zwischen den Eltern. Die Großeltern haben nochmals andere Ansichten dazu.

Unstimmigkeiten im Büro und bei der Arbeit zu den Themen Zeiterfassung, Urlaubszeiten, Vertretungen, Übernahme von Arbeiten, die Qualität der Arbeit und Delegation von Aufgaben führen leicht zu Unstimmigkeiten und zu Meinungsverschiedenheiten. Wenn es um die eigene Karriere geht, wenn der eine oder die andere bevorzugt wird oder Gehaltsunterschiede zutage treten, dann sind Streitigkeiten und verbale Kämpfe immer wieder zu beobachten. Doch sind diese Beispiele schon Konflikten zuzuordnen, oder sind sie bloß unterschiedliche Auffassungen von ein- und derselben Sache? Ich glaube nicht. Konflikte haben eine besondere Eigenschaft: Zumindest eine der beteiligten Parteien fühlt sich bedroht. Diese Definition werde ich in den folgenden Absätzen ausführlich erläutern, da es zur Bewältigung von

Konflikten wichtig ist, die andere Partei zu verstehen, ohne mit ihr einverstanden sein zu müssen.

Das menschliche Gehirn besteht aus ungefähr 100 Milliarden Nervenzellen. Diese Nervenzellen sind durch Kontaktpunkte, sogenannte Synapsen, miteinander verbunden. Die Anzahl diese Synapsen ist um ein Vielfaches höher als die Anzahl der Nervenzellen selbst.

> *Wir alle tragen einen Supercomputer zwischen unseren Ohren, der zu 98 Prozent unbewusst funktioniert.*

Unbewusst heißt, du bist dir darüber nicht bewusst, es läuft alles automatisch ab. Dafür dürfen wir sehr dankbar sein. Denn nur so ist es möglich, dass dein Körper mit allen seinen Funktionen seine Arbeit macht. Niemand von uns muss über die Atmung, den Herzschlag, die Verdauung, den Stoffwechsel und darüber nachdenken, wie Gehen, Laufen, Stehen, Zähneputzen oder Autofahren funktioniert.

Du erinnerst dich sicherlich an die Zeit, wo du zum Beispiel gelernt hast, Rad zu fahren, Walzer zu tanzen oder für eine bestimmte Sportart trainiert hast: Da war es notwendig, die Bewegungsabläufe einzustudieren, und zwar so lange, bis sie automatisiert waren und unbewusst abliefen. Training dient zum Feintuning und zur verbesserten Automatisierung dieser Abläufe, vollkommen unbewusst. Lernen, Reden und Streiten sind ebenfalls vollkommen unbewusste Vorgänge. Unser Unbewusstes beschreibe ich immer wieder als einen unendlich großen Tiefenspeicher. In diesem Speicher sind unsere erlernten Abläufe hinterlegt und blitzschnell abrufbar. Gleichzeitig sind auch alle unsere Erinnerungen aus unserem Leben darin abgespeichert. Vielleicht erinnerst du dich an bestimmte Ereignisse aus deiner Schulzeit, an die eine oder andere gute Note, an einen Freund oder eine Freundin von damals, vielleicht an einen Streit oder eine ernsthafte Auseinandersetzung. Wenn du weiter in die Gegenwart gehst, siehst du vielleicht Erinnerungen aus deiner weiteren Ausbildung, du denkst an deinen ersten Kuss, an einen verträumten Urlaub mit einem besonders wichtigen Menschen von damals. Es kann sein, dass du dich wieder erinnerst, wie du eine Liebe deines Lebens möglicherweise verloren hast, und wie du in dieser Zeit mit diesem Verlust umgegangen bist. Dein erster Arbeitstag, deine Beförderung, der Tag, an dem jemand mit deinen Leistungen nicht zufrieden war und dich kritisiert hat, ein Streit mit deinen Nachbarn und eine Versöhnung mit einem verloren geglaubten Menschen fallen dir vielleicht ebenfalls ein. Du stellst fest, wenn du diese Erinnerungen aufrufst, macht sich ein Gefühl in deinem Körper breit. Ist die Erinnerung positiv bewertet, fühlst du eine positive Emotion, wie zum Beispiel Freude, Glück, Liebe und Anerkennung. Ist die Erinnerung allerdings negativ besetzt, dann sind es Ärger, Furcht, Traurigkeit, Schuldgefühle, Wut und Zorn, um ein paar Beispiele zu nennen. Es ist schon sehr interessant, dass der bloße Gedanke an eine Erinnerung praktisch zeitgleich das dazugehörige Gefühl in uns auslöst.

Zu jeder Erinnerung gehört auch, wie du mit dieser Situation umgegangen bist, ob und wie du sie gelöst hast. Wie waren deine Strategien, dich in schwierigen Situationen zu verhalten? Wie hat sich dein Verhalten verbal und nonverbal ausgedrückt, welche Körpersprache hast du gezeigt? Hast du eher versucht, die beteiligten Personen zu verstehen und deren Ansicht zu hinterfragen, oder warst du überzeugt, dass du im Recht bist? Hast du die andere Person anklagend behandelt und sie gefragt, was sie sich einbildet und wer sie glaubt zu sein? Oder hast du dich zurückgezogen und darauf gewartet, bis sich die Sache von allein wieder bereinigt? Wie auch immer du dich verhalten hast, es war ein emotionaler, automatischer Vorgang. Du hattest und zeigst auch heute in schwierigen Situationen immer wieder dieselbe Strategie, dieselben Muster wie irgendwann einmal erlernt. Eine Strategie, die in deinem Unbewussten abgespeichert ist, die du durch Imitation wichtiger Bezugspersonen übernommen hast, weil du unbewusst den Eindruck hattest, dass sie funktioniert.

In deinem Unbewussten sind alle Erinnerungen deines bisherigen Lebens abgespeichert. Darum nenne ich das Unbewusste in diesem Zusammenhang auch gern das »Museum deiner Erinnerungen«. Diese Erinnerungen gehen zurück bis zu jener Zeit, die du im Bauch deiner Mutter verbracht hast. Aus epigenetischen Forschungen weiß man heute, dass wir auch Erinnerungen an die Zeit vor unserer Zeugung in uns tragen. Ja, wir übernehmen über Generationen Erinnerungen und Verhaltensweisen unserer Vorfahren, die unser heutiges Sein beeinflussen und unser Verhalten mitgestalten. Es ist vielleicht beruhigend für dich zu lesen, dass alles bloß Erinnerungen sind. Sie sind nicht die Wahrheit, sie sind bestenfalls ein Ausschnitt daraus. Emotionen sind immer mit den Erinnerungen verknüpft und niemals mit der Wahrheit, falls es eine solche überhaupt gibt. Jetzt erkennst du, wenn du dich an etwas erinnerst, dann ist es ein Teil deiner Wahrnehmung und deiner emotionalen Bewertung dieser Wahrnehmung. Jemand anderer hat vielleicht dasselbe gesehen und gehört, jedoch anders wahrgenommen, zumindest aus einer anderen Position teilgenommen und ganz sicher anders bewertet. So wie du dein Leben wahrnimmst, mit allen seinen schönen Seiten und mit allen seinen Auseinandersetzungen, es ist und bleibt deine persönliche Sache.

Mein jüngster Sohn Jakob, er war gerade zwölf Jahre alt, als ich diese Zeilen schrieb, ist ein begeisterter Formel-1-Fan.

Sein Wissen über diesen Sport erinnert mich an den legendären österreichischen Sportkommentator Heinz Prüller. Welcher Fahrer, wann und wo mit welchem Team gewonnen hat, wo welche Unfälle passiert sind, was die Boliden voneinander unterscheidet und wie die Rennstrecken beschaffen sind, all das kann Jakob aus seinem Unbewussten jederzeit abrufen. Nachdem er F1-Racing auf dem Simulator auf seinem PC trainiert, und zwar mit professioneller Lenkrad- und Pedalen-Ausstattung, kennt er ebenso die Kurvenverläufe, die entsprechenden Geschwindigkeiten und sämtliche Bremspunkte auswendig. Mit ihm gemeinsam ein Formel-1-Rennen anzusehen, ist eine Herausforderung. Der Grund ist einfach: Er schaut durch eine andere Brille als ich. Gebe ich mich bei Überholmanövern oder Unfällen mit einfachen Begründungen zufrieden, so ist das bei Jakob deutlich anders. Meine ich, dass der eine Fahrer dem anderen zu wenig Platz gelassen hat, dann ergänzt Jakob dies durch Kommentare wie, nein, Platz wäre genug gewesen, er hat zu spät gebremst oder Ähnliches. Auf jeden Fall ist es so: Wir schauen beide auf denselben Bildschirm, und sehen doch unterschiedliche Dinge. Wir sehen nicht nur verschiedene Dinge, sondern bewerten auch unterschiedlich. Woher kommt das? Der Grund ist wohl unser unterschiedlicher Zugang, unterschiedliches Wissen und verschiedene Interessen.

» Jeder schaut durch seine eigene Brille – eine Brille, die aus Erinnerungen und Emotionen des Unbewussten gebaut ist.

Haben wir deswegen einen Konflikt? Nein, auf keinen Fall. Es sind bloß unterschiedliche Wahrnehmungen, über die wir sprechen, und die wir in Erinnerung behalten.

Wann werden nun unterschiedliche Wahrnehmungen zu einem Konflikt? Das Museum deiner Erinnerungen speichert deine Erinnerungen gemeinsam mit deinen Bewertungen dieser Erinnerungen ab. Du weißt noch, was du wahrgenommen hast, und ob es für dich positiv oder negativ war. Die positive oder negative Bewertung geschah ganz automatisch, entsprechend deinem Wertekatalog. Unter Werten verstehen wir die für uns wichtigen Dinge im Leben. In vielen Fällen sind diese Werte Anerkennung, Zuneigung, Achtsamkeit, Aufmerksamkeit, Geld, Akzeptanz, Harmonie, Vertrauen, Freude, Leichtigkeit und Liebe, um ein paar zu nennen. Das kennst du sicherlich.

Was vielleicht neu ist für dich, ist die Vorstellung, dass es zu jedem dieser Werte ein Kriterium gibt, das Auskunft darüber gibt, ob dieser Wert erfüllt ist oder nicht. Nehmen wir den Wert Anerkennung. Das Kriterium, an dem du erkennst, ob Anerkennung erfüllt ist oder nicht, könnte lauten: »Andere Menschen sagen mir, wenn ich etwas gut gemacht habe.« Ist dies der Fall, fühlst du dich gut. Ist dies aber nicht der Fall, fühlst du dich nicht gut. Im ersten Fall macht sich ein positives Gefühl breit, im zweiten Fall ein negatives. Schauen wir uns als weiteres Beispiel den Wert Harmonie an. Jemand könnte sagen, Harmonie ist dann erfüllt, wenn wir einander gut verstehen. Ist das der Fall, bewerten wir die Situationen, in denen wir einander gut verstehen, als etwas Positives, haben wir Auseinandersetzungen, dann bewerten wir diese als etwas Negatives. Für jeden Wert, der dir einfällt, kannst du ein Kriterium dazuschreiben, das bestimmt, wann der Wert für dich erfüllt ist, und wann nicht. Kommen wir in eine Situation, wo unsere Wahrnehmungen das Kriterium einen unserer Werte verletzt, dann fühlen wir uns schlecht, da der jeweilige Wert nicht erfüllt ist. Handelt es sich um besonders wichtige Werte unseres Lebens, dann fühlen wir uns bedroht und gefährdet. Um uns zu wehren und zu schützen, fangen wir an, mit den Beteiligten der Situation zu interagieren. Jetzt haben wir etwas, das wir einen Konflikt nennen.

Befinden wir uns in einem Konflikt, streben wir danach, unseren verletzten Wert zu schützen. Es soll dem Kriterium, das den Wert erfüllt, wieder entsprochen werden. Menschen handeln in solchen Situationen sehr unterschiedlich: Streit und Anklage, Auseinandersetzung, Ausweichen und Ablenken, Unterordnung oder Besserwisserei sind Möglichkeiten und Versuche, mit dem Konflikt umzugehen. Je nach unserem eigenen Selbstwert wählen wir völlig unbewusst aus, wie wir uns verhalten.

Menschen gehen unterschiedlich mit Streit und Konflikten um. Du kennst vielleicht Menschen, die immer und sofort alles klären müssen, die, ohne nachzudenken, die Situation bereden müssen und manchmal auch zerreden. Vielleicht kennst du welche, die um eine Aussprache bitten, die ehestmöglich stattfinden muss, sonst können sie nicht gut schlafen. Andere wiederum wollen lieber einmal oder zweimal darüber schlafen, zuerst ihre Gedanken ordnen und sich ein Konzept für das Gespräch zurechtlegen. Es gibt auch Menschen, die alles in sich hineinfressen, lieber still sind. Sie befürchten, durch das Ansprechen der misslichen Lage den Streit weiter eskalieren zu lassen. Diesen Menschen sieht man es an, ihre Körperhaltung ist geduckt, sie wirken zurückgezogen und ängstlich, sie weichen jedem Gespräch aus und leiden vor sich hin.

Wir können weitere Verhaltensmuster beobachten, wie Menschen auf Konfliktsituationen reagieren. Manche flüchten, sie weichen aus und vermeiden konfliktträchtige Situationen. Andere gehen in den Kampf, sie wollen sich mit Gewalt durchsetzen und den Gegner vernichten. Ein drittes Verhaltensmuster können wir als Unterordnung bezeichnen. Menschen passen sich an, geben nach und akzeptieren. Wiederum andere delegieren das Problem an eine Instanz, wie einen Mediator oder das Gericht. Das Suchen nach einem Kompromiss, die Einigung mit Vor- und Nachteilen auf beiden Seiten, ist ein weiteres Verhaltensmuster. Schließlich kennen wir noch den Konsens, das Etablieren einer Kooperation.

Nachdem wir uns kurz über mögliche Verhaltensweisen unterhalten haben, die du in Konfliktsituationen vielleicht schon beobachtet hast, hier noch ein Beispiel zum besseren Verständnis von Werten und deren Kriterien: Nehmen wir an, einer deiner wichtigsten Werte in der Partnerschaft ist Zuneigung. Zuneigung ist dann für dich gegeben, wenn dein Partner oder deine Partnerin sich Zeit für dich nimmt und dir zuhört. Die letzten Jahre war das auch immer der Fall, doch in den vergangenen Monaten ist deine Wahrnehmung vermehrt, dass dein Partner sich von dir zurückgezogen hat. Das stellst du fest, indem du sein Verhalten beobachtest. Du beginnst dir immer mehr Gedanken darüber zu machen, was wohl dahinterstecken könnte. Langsam beginnst du dir Sorgen zu machen, da dein Wert Zuneigung immer mehr verletzt wird. Schließlich kommt das Fass wegen einer Kleinigkeit zum Überlaufen, weil du glaubst, er interessiert sich für eine andere. Du beginnst, ihm einen Vorwurf zu machen, dass er nie Zeit für dich hätte, und drückst dies wortstark und sehr laut aus, so wie wenn du ihn dafür anklagen würdest. Jetzt ist die Verletzung deines Wertes Zuneigung zu einem Konflikt geworden.

Dir ist klar, dass nur deine Wahrnehmung und deine darauffolgende Bewertung zu einem Konflikt führte, den du mit einer Anklage begonnen hast zu bearbeiten. Doch zwischen wem ist nun dieser Konflikt entstanden? Zwischen dir und deinem Partner, oder zwischen deiner Wahrnehmung und deinem Wert? Letzteres ist der Fall. Deine Wahrnehmung und dein Wert befinden sich im Konflikt.

Somit ist jeder Konflikt, egal wie er sich nach außen darstellt, ein Konflikt im Inneren. Jeder Konflikt ist ein innerer Konflikt. Das mag im ersten Moment für dich sehr eigenartig klingen. Ich verspreche dir, diese Betrachtungsweise wird es dir ermöglichen, ruhig und sachlich zu bleiben und deine Ansichten und Meinungen zu sagen und durchzusetzen.

Nach außen hin stellen sich Konflikte in unterschiedlichen Formen und Ausprägungen dar. Friedrich Glasl hat dies unter anderem in seinem Buch »Konfliktmanagement. Ein Handbuch für Führung, Beratung und Mediation« ausführlich beschrieben. Hier eine Zusammenfassung der wichtigsten Begriffe und Definitionen, die helfen sollen, Konflikttypen zu unterscheiden. Wir können Konflikte nach »Streitgegenständen« differenzieren. Hier kann es um Sachfragen gehen, wie Recht, Ressourcen oder Vorgehensweisen von Personen und Organisationen, oder um Eigenschaften und Verhaltensweisen von Personen oder um unterschiedliche Interessen. Konflikte können nach ihrer »Erscheinungsform« unterschieden werden, wie latent oder manifestiert. Von latenten Konflikten spricht man, wenn Gegensätze vorliegen, jedoch kein feindseliges Verhalten beobachtet werden kann. Manifest ist der Konflikt, wenn er sich in einem Verhalten äußert, dass für die andere Partei nachteilige Wirkung hat. Konflikte mit großem Gewaltaufwand bezeichnet man auch als »extreme« Konflikte.

Die »Art der Konfliktparteien« ist ein weiteres Unterscheidungsmerkmal. Konfliktparteien können Individuen, Gruppen oder größere soziale Systeme sein. Sie können einander ebenbürtig (Mitarbeiter gegen Mitarbeiter) oder ungleich (Mitarbeiter gegen Chef) sein. Im Falle eines Machtgleichgewichts spricht man von symmetrischen Konflikten, etwa zwischen zwei gleich großen Staaten oder Unternehmen, im Fall von Ungleichgewicht spricht man von asymmetrischen Konflikten. Eine weitere interessante Unterscheidungsform ist jene zwischen »heißem« und »kaltem« Konflikt. Diese Unterscheidung meint den dominierenden

Verhaltensstil der Interaktion zwischen den Konfliktparteien, auf deren Zusammenspiel, auf das Klima der Beziehung zwischen ihnen. Bei einem heißen Konflikt beobachten wir eine Atmosphäre, die von Überaktivität und Überempfindlichkeit gekennzeichnet ist. Die Parteien versuchen, einander mittels explosiver Taktik zu überzeugen. Angriff und Verteidigung sind klar ersichtlich. Im Gegensatz dazu beobachten wir bei kalten Konflikten eine Lähmung aller äußerlich sichtbaren Aktivitäten. Frustration und negative Gefühle werden in sich hineingefressen und wirken innerlich destruktiv. In extremen Fällen können Selbstverletzung und Suizid die Folge sein.

Friedrich Glasl hat ein Stufenmodell der Eskalation entwickelt, das ich der Vollständigkeit halber hier noch erwähnen möchte. Das Modell umfasst neun Stufen, die in den Abgrund führen. Diese sind:

- Verhärtung: Unterschiedliche Meinungen prallen aufeinander.
- Debatte und Polemik: Argumentieren, um den anderen zu überzeugen, wird zu einem zentralen Element.
- Taten statt Worte: Der Druck wird erhöht und die verbale Kommunikation schwindet.
- Image und Koalitionen: Man sorgt sich um sein Image, Verbündete werden gesucht.
- Gesichtsverlust: Die andere Partei soll durch Unterstellungen in ihrer Identität vernichtet werden.
- Drohstrategien und Erpressung: Der Gegner soll zum Aufgeben gezwungen werden.
- Begrenzte Vernichtungsschläge: Dem Gegner soll mit allen Tricks geschadet werden.
- Zersplitterung und totale Zerstörung: Vernichtungsaktionen sollen den Gegner zerstören.
- Gemeinsam in den Abgrund: Der eigene Untergang wird miteinkalkuliert, um den Gegner zu vernichten.

Je nach Eskalationsstufe schlägt Glasl unterschiedliche Konfliktbehandlungsstrategien vor, wie Moderation und Prozessbegleitung, Mediation, Schiedsverfahren, gerichtliche Verfahren und Machteingriff von außen.

Konflikte können mit den oben genannten Beschreibungen und Definitionen sicherlich besser erfasst und kategorisiert werden. Eine Konfliktlösung, oder besser gesagt, ein Gehen-lassen des Konflikts wird dadurch jedoch nicht erleichtert. Ein besseres wissenschaftliches Verständnis über die Art von Konflikten fokussiert auf den Konflikt als solches und nicht auf dessen Lösung oder Heilung. Trotz genauer Betrachtung der äußeren Erscheinungsmerkale eines Konflikts ist und bleibt jeder Konflikt ein innerer Konflikt, der in der subjektiven Wahrnehmung und deren Bewertung und einer damit einhergehenden Werteverletzung im Museum deiner Erinnerungen begründet ist.

Das Leben ist Kommunikation

Zum Glück haben wir unseren bewussten Verstand und nicht nur das Unbewusste. Dein bewusster Verstand bietet dir viele praktische Möglichkeiten, dein Leben so zu gestalten, wie du es möchtest. Mithilfe deines Bewusstseins ist es dir möglich, das Museum deiner Erinnerungen zu besuchen und jede einzelne Erinnerung zu betrachten. Du kannst dich entscheiden, zu welcher Erinnerung du gehen möchtest. Wählst du eher eine schöne aus, die mit einer positiven Emotion verbunden ist, oder zieht es dich eher immer hin zu den negativen? Dein Bewusstsein bietet dir die Wahlmöglichkeit, wähle weise. Du kannst dich bei jeder Erinnerung fragen, was du daraus lernen kannst. Stehst du zum Beispiel vor einer Erinnerung, wo du dich ärgerlich fühltest, dann nimm Abstand, »schwebe« darüber und frage dich, was kann ich daraus lernen? Meine Coaching-Klientinnen antworten auf die Frage, was sie daraus lernen könnten, beispielsweise »Ich bilde mir meine eigene Meinung« oder »Ich gehe mit meinen Ressourcen vernünftig um« oder »Ich bin dankbar für alles, was ich habe«. Diese Lernerfahrungen machen es möglich, in zukünftigen ähnlichen Situationen, statt ärgerlich oder wütend besser mit einer dieser Lernerfahrungen zu reagieren. Du siehst, du kannst mit deinen Erinnerungen kommunizieren, du kannst sie besuchen, und du kannst sie verändern.

> *Mit der Veränderung deiner Erinnerungen in deinem Museum deiner Erinnerungen veränderst du dein Verhalten.*

Warum ist das so? Das Museum deiner Erinnerungen ist eine Art Referenz, die dir sagt, welche Erfahrungen in welchen Situationen für dich persönlich funktioniert haben, damit die Kriterien deiner Werte erfüllt werden. Gehst du in den Supermarkt einkaufen, so folgst du wahrscheinlich immer demselben Procedere, das so oder so ähnlich lauten könnte: Einkaufswagen nehmen, Notizzettel lesen, Lebensmittel suchen und in den Wagen geben, zur Kasse, bezahlen, einpacken, nach Hause, in den Kühlschrank räumen. Du weißt unbewusst, das funktioniert. Läuft allerdings etwas nicht nach Plan, ist etwa ein bestimmtes Lebensmittel nicht verfügbar, oder reißt die Einkaufstasche, dann wird es schwierig. Du könntest ärgerlich werden. »Warum bin ich erst so spät losgefahren, jetzt bekomme ich das Gemüse nicht mehr, warum habe ich die Tasche nicht schon früher getauscht?« Deine Unzulänglichkeit wird dir bewusst. Du hast früher einmal gelernt, die eigene Unzulänglichkeit durch die Emotion des Ärgers zu unterdrücken, und die Schuld daran anderen zu geben. Du denkst vielleicht, der blöde Kollege hat mich aufgehalten, warum hat der Supermarkt nicht mehr von diesem Gemüse, oder warum halten die Einkaufstaschen immer weniger lange? Ja, es hilft dir scheinbar, im Moment mit dieser Situation umzugehen, denn es entspricht deinen gemachten Erfahrungen.

Statt verärgert zu reagieren, ließe sich eine mögliche

Lernerfahrung anwenden, wie zum Beispiel dankbar zu sein für das, was da ist, oder mit den eigenen Ressourcen sinnvoll umzugehen und gute Ideen zu entwickeln, was du aus dieser Situation am besten machen könntest. Die Qualität deiner Selbstgespräche, Gedanken und Überlegungen ist die Qualität deiner inneren Kommunikation. Deine innere Kommunikation ist die Qualität deines Lebens. Bevor negative Emotionen wie Unzufriedenheit dich übermannen, frage dich, ob diese angemessen sind und ob du das Ganze nicht auch anders bewerten könntest.

Übrigens, die Kriterien zur Erfüllung deiner Werte kannst du ebenfalls verändern. Nehmen wir den Wert Aufmerksamkeit. Ein Kriterium, an dem du erkennst, dass Aufmerksamkeit erfüllt ist, könnte sein: »Wenn mir mein Partner Blumen mitbringt, fühle ich mich aufmerksam behandelt.« Auf den ersten Blick klingt das nachvollziehbar: Wenn jemand anderer etwas für mich tut, das ich möchte, würden wir dieses Verhalten als aufmerksam bezeichnen. Doch die Art der Formulierung hat einen großen Haken: Die Erfüllung des Werts Aufmerksamkeit wird vom Verhalten einer anderen Person abhängig gemacht, nämlich vom Verhalten des Partners. Solange er Blumen mitbringt, ist alles in Ordnung. Doch was passiert, wenn er dies aus irgendeinem Grund nicht mehr tut? Dann wird dieser Wert verletzt. Die Person fühlt sich ausgeliefert, missachtet und in ihren Gefühlen verletzt, nur, weil das Kriterium so formuliert ist, dass es ein Verhalten einer anderen Person einfordert.

Viel besser wäre es jedoch, Folgendes zu formulieren: »Wenn ich mir einmal in der Woche selbst Blumen kaufe, bin ich aufmerksam mir selbst gegenüber.« Zugegeben, auf den ersten Blick erscheint das etwas komisch, oder? Doch auf den zweiten Blick macht das viel mehr Sinn. Der für dich möglicherweise wichtige Wert Aufmerksamkeit bekommt eine völlig neue Dimension: Du kannst ihn dir selbst erfüllen. Du bist allein dafür zuständig, dir selbst gegenüber aufmerksam zu sein. Du »brauchst« den anderen nicht mehr, damit dein Wert Aufmerksamkeit erfüllt wird, du kannst es selbst tun. Das ist wahre Freiheit. Natürlich ist es schön, wenn jemand anderer dir Blumen oder andere kleine Geschenke mitbringt, und darüber darfst du dich sehr freuen. Es ist wie das Sahnehäubchen obendrauf, ohne das du jedoch genauso gut leben kannst.

Es geht noch einen Schritt weiter: Sobald du deine wichtigsten Werte für dich selbst erfüllen kannst, hast du das höchste Selbstwertgefühl erreicht. Du bist nicht mehr abhängig vom Verhalten anderer, du bist frei, du lebst selbstbestimmt, du führst ein glückliches Leben, auch wenn die Umstände nicht die besten sein sollten.

Du wirst feststellen, dass du in deinem Leben immer Menschen begegnest, in Kommunikation trittst und eine Beziehung aufbaust, die ähnliche Werte und Kriterien wie du besitzen. Werte und Kriterien zur Erfüllung deiner Wertvorstellungen drücken sich in deinem Verhalten aus, in deiner verbalen und nonverbalen Kommunikation, in deiner Körpersprache. Kommen nun Menschen zusammen, die die Erfüllung ihrer Werte vom Verhalten anderer abhängig machen, kommt es bald zu gegenseitigem Einfordern, zu Vorwürfen und zum Streit. Das ist insbesondere dann der Fall, wenn die Menschen in der Umgebung nicht das tun, was subjektiv erwartet beziehungsweise gefordert wird. Erwarte ich, dass mir Blumen geschenkt werden, bekomme sie aber nicht, kann es passieren, dass die Erfüllung dieser Erwartungshaltung eingefordert wird. Wird dem auch danach nicht entsprochen, werden Vorwürfe geäußert. Kommen jedoch Menschen zusammen, die ihre Werte jeweils selbst erfüllen können, dann ist es ganz anders: Sie erkennen, dass die Erfüllung ihrer eigenen Werte gemeinsam leichter geht, und sie wissen gleichzeitig, dass sie es auch allein können. Sie kaufen sich selbst die Blumen, um sich eine Freude zu machen, und sie freuen sich auch, Blumen geschenkt zu bekommen. Allerdings steht dahinter keine Erwartungshaltung. Starke Teams und belastbare Kooperationen können sich bilden, wachsen und erhalten bleiben. Jedes Teammitglied ist sich seiner Stärken und seiner Rolle bewusst und bringt diese freiwillig ein. Teil des Teams zu sein, ist mit der eigenen Wertestruktur und dessen Kriterien kompatibel. Es wird nichts erwartet, sondern die Art des Miteinanders vereinbart, die Zusammenarbeit fließt, da jeder Erfolg des Teams genauso ein persönlicher Erfolg ist.

Der Vollständigkeit halber möchte ich an dieser Stelle das Phasenmodell der Teamentwicklung und Gruppendynamik nach Tuckman erwähnen. Bruce Tuckman hat dieses Modell im Jahre 1965 entwickelt und fünf Phasen vorgestellt: die Forming-, Storming-, Norming-, Performing- und Adjourning-Phase.

- In der Forming-Phase geht es um Inklusion, wir machen einander bekannt und suchen nach Ähnlichkeiten. Unsicherheiten bezüglich der möglichen eigenen Entfaltung und der Akzeptanz durch die anderen besteht.
- In der Storming-Phase geht es um Kontrolle. Die Teammitglieder versuchen über Aufgaben- und Rollenkonflikte ihr Revier abzustecken. Regeln und Hierarchien werden festgelegt .
- Die Norming-Phase ist von der Frage geprägt, wie das Ziel erreicht werden soll. Funktionale Beziehungen entstehen und Vorgehensweisen werden verhandelt .
- Die Performing-Phase ist die eigentliche Arbeitsphase der Zusammenarbeit, die zu Wachstum führen soll .
- In der Adjourning-Phase ist die Gruppe an ihr Lebensende gekommen. Entweder wurde das Ziel erreicht oder die Lebenszeit der Gruppe ist abgelaufen. Entweder redefiniert sich die Gruppe oder sie löst sich auf. Alle Beteuerungen der Gruppenmitglieder, in Kontakt zu bleiben, stellen sich als reine Worthülsen heraus.

Handelt es sich um offene Teams, die einem stetigen Mitgliederwechsel ausgesetzt sind, können die einzelnen Phasen immer wieder neu durchlaufen werden. Manche Gruppen bleiben in einer frühen Phase hängen und kommen niemals in die eigentliche Arbeitsphase.

Es wird deutlich, dass einem Team immer eine gewisse Zeit eingeräumt werden muss, um leistungsstark zusammenarbeiten zu können. Robert Axelrod beschreibt in seinem Buch »Die Evolution der Kooperation« sehr eindrucksvoll, wie gelingende Kooperationen gestaltet werden sollten, wie wichtig ein hohes Selbstwertgefühl ist und was bei Verletzungen der Regeln der Zusammenarbeit zu tun ist, um die Kooperation wieder zu stärken.

Nach diesem kurzen Exkurs zu Gruppendynamik und Kooperation nun zurück zu dir: Setze dich an einen ruhigen Platz und beginne eine innere Kommunikation mit dir selbst. Unterteile dein Leben in unterschiedliche Bereiche, wie Familie, Freunde, Beruf, Freizeit, persönliche Entwicklung, Gesundheit und eventuell Spiritualität. Fokussiere dich auf einen deiner Lebensbereiche und frage dich, was dir in diesem Lebensbereich besonders wichtig ist. Erstelle eine Liste aller Begriffe, die dir dazu einfallen, und zwar so lange, bis sich einzelne Werte wiederholen. Bringe diese Liste anschließend in die Reihenfolge der Wichtigkeit. Den wichtigsten Wert schreibe an die erste Stelle, den zweitwichtigsten an die zweite usw. Mache dies für die acht wichtigsten Werte.

Deine Bestandsaufnahme für den Lebensbereich Gesundheit könnte so aussehen (das ist ein Beispiel, deine Liste wird auf jeden Fall anders aussehen): Beweglichkeit, Ernährung, Ausdauer, Aktivität, Leben, Geschäftigkeit, Belastbarkeit, Leben, Sportlichkeit, Aussehen, Fitness und Ernährung. Nun bringst du diese Liste in die Reihenfolge der acht wichtigsten Werte, wie zum Beispiel:

1. Aussehen
2. Belastbarkeit
3. Aktivität
4. Leben
5. Sportlichkeit
6. Ernährung
7. Fitness
8. Beweglichkeit

Anschließend frage dich, was ist das Kriterium für den wichtigsten Wert, damit dieser für dich erfüllt ist. Fahre fort, bis du die Kriterien für alle acht Werte hingeschrieben hast. Dies könnte in unserem Beispiel so aussehen:

1. *Aussehen:* Meine besten Freundinnen sagen mir, ich würde gut aussehen.
2. *Belastbarkeit*: Andere Menschen stellen fest, wie viel ich aushalte.
3. *Aktivität:* Meine Freunde animieren mich, aktiv zu sein.
4. *Leben:* Ich hoffe, dass mir mein Umfeld genug Zeit für mich lässt.
5. *Sportlichkeit:* Wenn ich dazu komme, betreibe ich Sport.
6. *Ernährung:* Genuss ist für mich wichtig.
7. *Fitness:* Ich schaue, dass mir nicht der Atem ausgeht.
8. *Beweglichkeit:* Mehr wäre schön.

Nun überprüfe, wie die Kriterien formuliert sind. Brauchst du jemand anderen, damit jedes einzelne Kriterium erfüllt ist, oder kannst du es allein erfüllen? Brauchst du jemand anderen, dann formuliere um. Wähle eine Formulierung, die mit »Ich …« beginnt. Beschreibe, was du tun kannst, damit der dazugehörige Wert erfüllt ist. In unserem Beispiel könnte dies so lauten:

1. *Aussehen:* Ich habe Kleidergröße 38 oder kleiner.
2. *Belastbarkeit:* Ich gehe mit Herausforderungen freudig um und sage, wenn ich genug habe.
3. *Aktivität:* Ich entscheide mich für Energie und Spaß.
4. *Leben:* Ich nehme mir Zeit für mich, ich genüge mir und ich suche mir Verbündete.
5. *Sportlichkeit:* Ich gehe oder laufe jeden Tag acht Kilometer.
6. *Ernährung:* Ich konsumiere nicht mehr als meinen errechneten energetischen Grundumsatz und bin jeden Tag 800 kcal im Energiedefizit.
7. *Fitness:* Ich betreibe Sport, der mich fordert.
8. *Beweglichkeit:* Ich suche mir bewusst Übungen, die meine Beweglichkeit erhöhen.

Ich bin sicher, du bemerkst den Unterschied in den Kriterien: Während zunächst die Erfüllung aller Kriterien nur in Abhängigkeit anderer Menschen oder Umstände möglich war, findest du in der zweiten Liste ausschließlich Tätigkeiten, die ohne Zutun anderer machbar sind.

Hast du alle deine Kriterien deiner Werte entsprechend formuliert, dann nimm die Liste, und lese sie zweimal täglich durch, einmal gleich nach dem Aufwachen, und einmal unmittelbar vor dem Einschlafen. Erstelle dir einen Wochenplan mit Tätigkeiten, die zur Erfüllung der Kriterien notwendig sind. Achte darauf, dass du jeden Wert zumindest zweimal pro Woche dir selbst erfüllst.

Selbstwert heißt nichts anderes, als sich seine eigenen Werte selbst erfüllen zu können. Je besser dies gelingt, desto höher ist der Selbstwert. Brauchen wir jedoch immer andere Menschen, die uns unsere eigenen Werte erfüllen, dann ist der eigene Selbstwert sehr klein.

Eine interessante Beobachtung, die ich immer wieder mache, ist, dass Menschen immer das tun, was sie für richtig halten – und Menschen halten ihre Werte und deren Kriterien immer für richtig, auch wenn ihnen diese Werte und Kriterien nicht bewusst sind, sondern im Museum der eigenen Erinnerungen unbewusst verankert sind. Wenn jemand glaubt, das eigene Wohlbefinden hängt von anderen Menschen ab, dann wird dieser Jemand sich entsprechend verhalten. Er wird Zuneigung, Anerkennung, Achtsamkeit und Wohlwollen einfordern. Dieses Einfordern wird, wenn es nicht ausreichend Früchte trägt, immer stärker werden, vielleicht auch mit Vorwürfen, verbalen und nonverbalen Angriffen einhergehen. Diese Person ist nicht davon abzubringen zu glauben, dass sie im Recht und ihr Verhalten angemessen sei. Vorwürfe verursachen bei anderen, deren Selbstwert ebenfalls wenig ausgeprägt ist, Gegenvorwürfe, weil sie ebenfalls glauben, von dieser Person abhängig zu sein. Ein Streit, ein Konflikt scheint unvermeidbar. Auch dieser beobachtbare Konflikt teilt sich in Wahrheit in zwei Konflikte, nämlich in die beiden inneren Konflikte der Beteiligten, da gegen die Erfüllung ihrer Werte jeweils verstoßen wird und sie sich dagegen zur Wehr setzen. Sie sind nach wie vor davon überzeugt, dass ihr eigenes Wohlbefinden vom Verhalten anderer abhängt und sie doch im Recht wären, entsprechende Zuneigung einzufordern. Es ist ein Teufelskreis der Kommunikation, den wir hier beobachten können.

Jede Aussage, die du tätigst, alles, was du sagst, verrät unbewusst etwas über deine Gedanken und über deine Werte.

Genauso ist es mit allem, was du in deiner Umgebung wahrnimmst. Wie du es bewertest, hängt mit deinen persönlichen Werten und den Kriterien für ihre Erfüllung zusammen. Friedemann Schulz von Thun hat dies so treffend als die »Vier Seiten einer Nachricht« bezeichnet: die Seite des Sachinhalts, die Seite des Appells, die Seite der Beziehung und die Seite der Selbstoffenbarung. Wenn zum Beispiel jemand in einem vorwurfsvollen Tonfall zu dir sagt: »Du bringst mir schon lange keine Blumen mehr mit«, ist der Sachinhalt klar: »Keine Blumen mitgebracht.« Der Appell ist ebenso offensichtlich: »Bringe mir Blumen mit.« Die Beziehungsseite könnte lauten: »Du bist nicht aufmerksam, du denkst nicht an mich.« Die Selbstoffenbarung wäre etwa: »Ich brauche Blumen als Zeichen deiner Aufmerksamkeit mir gegenüber.«

Beim Hörer kommt diese Nachricht ebenfalls mit vier Seiten an, allerdings mit den Seiten des Zuhörers. Der Sachinhalt könnte sein: »Ja, stimmt, keine Blumen dabei.« Als Appell könnte gehört werden: »Denke mehr an mich.« Die Beziehungsseite des Hörers könnte sagen: »Dein Verhalten nervt mich.« Die Selbstoffenbarung wäre zum Beispiel: »Verdammt, aufgrund des stressigen Tages im Büro finde ich das Mitbringen von Blumen im Moment gerade nicht so wichtig.« Ein möglicher Konflikt erscheint nur äußerlich darin begründet zu sein, dass keine Blumen mitgebracht wurden. Gehen wir jedoch in die Tiefe, können wir die unterschiedlichen Wahrnehmungen der beiden Beziehungs- und der beiden Selbstoffenbarungsseiten sehen. Gestritten wird jedoch »nur« über die nicht mitgebrachten Blumen.

Wäre es nicht viel hilfreicher, sich über die Appell-, die Beziehungs- und die Selbstoffenbarungsseiten auszutauschen? Auch wenn man als Partner vielleicht wenig davon hält, ständig Blumen mitzubringen, um seine Wertschätzung auszudrücken, so wäre es doch interessant zu erfahren, wie die Partnerin auf diesen Wunsch kommt. Dass sie Blumen als

Zeichen der Aufmerksamkeit braucht, ist ihr wahrscheinlich gar nicht mal selbst bewusst. Dieses Bewusstsein könnte erst durch eine entsprechende Frage des Partners an die Oberfläche gebracht werden. So eine Frage könnte lauten: »Was bedeutet es für dich, wenn ich dir Blumen mitbringe?« Die Antwort: »Weil ich dann weiß, dass du an mich denkst«, wäre doch augenöffnend, oder? Vielleicht reicht dies schon, dass der potenzielle Konflikt von selbst geht, da gegenseitiges Verständnis einkehren könnte, ohne mit dem Verhalten der anderen Person einverstanden sein zu müssen. Noch viel hilfreicher wäre es, wenn die Partnerin ihr Kriterium zur Erfüllung von Aufmerksamkeit so umdefiniert, dass sie es selbst erfüllen könnte. Das Einfordern, die Abhängigkeitsvermutung hätten ein Ende, und über das Mitbringen von Blumen freut sie sich mehr als zuvor. Die Kommunikation würde sich von einem Teufelskreis, der beide Seiten mit negativen Gefühlen nach unten zieht, in einen Engelskreis verwandeln: Sie fühlen sich wohl, sind selbstsicher und die positiven Gefühle verstärken sich gegenseitig im Zuge ihrer Kommunikation.

Wenn es dir gelingt, eigenverantwortlich dafür zu sorgen, dass dein eigenes Leben gelingt, du selbst zu deinem persönlichen Wohlgefühl beitragen kannst, reduzierst du deutlich die Wahrscheinlichkeit für das Entstehen von Konflikten. Es stärkt das Vertrauen in dich selbst, dich Ideen und Meinungen anderer Menschen auszusetzen, die deinen widersprechen. Durch geeignetes Hinterfragen bekommst du die Möglichkeit, die Denkmuster anderer Menschen zu erkennen, auch wenn du mit deren Verhalten nicht einverstanden bist. Es hilft dir zu verstehen, ohne einverstanden zu sein. Du kannst dich dem Streitgespräch, dem Diskurs aussetzen und deine Meinung zur Geltung bringen, und eine Einigung, eine Lösung herbeiführen. Eines ist klar:

Möchtest du Frieden, musst du deine »Feinde« verstehen.

Auf Augenhöhe begegnen

Das möchten wir alle gern, einander auf Augenhöhe begegnen. Doch was ist darunter zu verstehen? Wie kann dies gemacht beziehungsweise erreicht werden? Was ist dabei zu beachten?

Jeder Mensch hat sein eigenes einzigartiges Museum von Erinnerungen, es gibt keine zwei, die vollkommen identisch sind. Warum ist das so? Jeder und jede von uns hat unterschiedliche Eltern oder ist zumindest zu unterschiedlichen Zeitpunkten geboren. Unsere wichtigsten Bezugspersonen, wie Lehrerinnen, Freunde und Verwandte, sind andere, wir haben unterschiedliche Ausbildungsstätten und Schulen besucht, haben andere Kolleginnen, unterschiedliche Arbeitgeber beziehungsweise Betätigungsfelder und unterschiedliche Lebenspartner. Somit haben wir auch verschiedene Wahrnehmungen und Erfahrungen gemacht, die wir in unser Museum von Erinnerungen aufgenommen haben. Erfahrungen, die uns geprägt haben. Spezialisierungen in unseren Ausbildungen sind besonders dazu geeignet, bestimmte Denkmuster in uns zu installieren. Ein Mechaniker denkt anders als ein Elektriker, anders als ein Jurist, eine Medizinerin oder ein Wirtschaftsingenieur. Wir denken somit alle unterschiedlich, haben andere Werte und verschiedene Kriterien, um diese Werte zu erfüllen.

*Unser Verhalten, die Art,
wie wir uns bewegen, wie wir sprechen,
wie wir auftreten, wird durch unser
Denken und unsere Werte bestimmt.*

Wir könnten auch sagen, unsere innere Haltung bestimmt unsere äußere Haltung – unser Verhalten und unsere Kommunikation. Jede einzelne Bewegung wäre einem Gedankenablauf zuzuordnen, auch wenn weder Bewegung noch Gedanken bewusst ablaufen. Im Gegenteil, die meisten Bewegungen und Gedanken sind vollkommen unbewusst. Da uns das Unbewusste nicht bewusst ist, glauben die meisten Menschen, alles würde bewusst ablaufen.

Genau das Umgekehrte ist der Fall: Mehr als 95 Prozent unseres Alltags läuft automatisiert ab. Nur dadurch ist es uns möglich, unser Leben zu meistern. Niemand muss darüber nachdenken, wie Autofahren, Treppensteigen oder Gehen funktioniert, wie Verdauung und Stoffwechsel ablaufen, oder wie wir unseren Kehlkopf und Zunge bewegen müssen, um Laute zu erzeugen, die von anderen Menschen verstanden werden. Manchmal im Leben kommen wir zur Einsicht, dass das eine oder andere Verhalten, das wir uns im Laufe des Lebens angeeignet haben, ungünstig ist, uns nicht weiterhilft und uns im Weg steht. Das ist auch der Grund, warum so viele Menschen nicht gern fotografiert oder gefilmt werden wollen oder ihre eigene Stimme von Tonaufnahmen nicht gern hören. Sie bemerken an sich etwas, das ihnen fremd ist, etwas, das sie unbewusst machen und erst durch Selbstbeobachtung in ihr Bewusstsein rückt.

Manchmal wird uns auch von anderen rückgemeldet, dass wir als unfreundlich oder vielleicht auch aggressiv wahrgenommen werden, ohne dass uns dies selbst aufgefallen wäre. Wir haben alle einen blinden Fleck, ein Verhalten, das uns nicht bewusst ist. Zum Glück haben wir einen bewussten Verstand, mit dem wir den unbewussten Gedächtnisfragmenten in unserem Museum der Erinnerungen einen Besuch abstatten können. Wir können uns diese Erinnerungen bewusst machen. Wie geht das? Sehr einfach, indem du dich zum Beispiel Folgendes fragst:

- »An welche Zeit in meinem Leben kann ich mich erinnern, wo ich besonders unfreundlich zu Menschen in meiner Umgebung war?«, und anschließend zu dir sagst:
- »Ich gehe jetzt in diese Zeit, gehe über die Erinnerung und lerne daraus, was ich anders hätte tun können.«

Du wirst einerseits feststellen, wie sich die Emotion von damals in deinem Körper ausbreitet und du gleichzeitig das Körpergefühl von damals wahrnimmst, und andererseits, dass die eine oder andere Lernerfahrung auftaucht, die du dir am besten gleich notierst. Hast du alle Lernerfahrungen abgerufen, die dir in diesem Moment einfallen, kommst du zurück ins Jetzt. So kannst du dir dein eigenes Museum von Erinnerungen immer wieder bewusst machen und Erinnerung verändern – in einer Form, die dein Verhalten situativ verbessert.

Was bedeutet nun auf Augenhöhe begegnen?

Das Einzige, was wir an anderen Menschen beobachten können, ist deren Verhalten. Welches Verhalten ist hier gemeint? Du kannst sehen, wie jemand sitzt, Beine übereinanderschlägt oder sie parallel vor sich hinstellt, du siehst die Haltung des Oberkörpers: gerade oder gekrümmt, Schultern verspannt oder locker, Arme herunterhängend oder angewinkelt, Hände und Finger berühren einander oder nicht, symmetrische oder asymmetrische Haltung. Du kannst die Geschwindigkeit der Bewegungen erkennen, siehst, ob sie schnell oder langsam, eckig oder fließend sind. Ist die Kopfhaltung gerade oder schief? Wie ist der Gesichtsausdruck, freudig, erregt, angespannt, ängstlich, wütend, ärgerlich etc. Beachte die Atemfrequenz und die Tiefe des Atmens. Höre auf die Tonlage der Stimme, spricht die Person schnell oder langsam, welche Worte und Formulierungen verwendet sie, wie ist ihr Sprachgebrauch, spricht sie Hochdeutsch, Dialekt, freundlich oder aggressiv? Nimm einfach wahr, ohne zu bewerten. Alles, was du gerade siehst und hörst, vielleicht auch riechst und schmeckst, ist eine Darstellung dessen, was in dieser Person gerade vor sich geht, eine Vorführung des Museums der Erinnerungen dieser Person. Doch Vorsicht, du kannst nur das äußere Verhalten beobachten. Aus einer Beobachtung allein kannst du nicht darauf rückschließen, was diese Person gerade denkt.

Auf Augenhöhe begegnen bedeutet, sich dem verbalen und nonverbalen Verhalten der anderen Person anzupassen. So wie zwei Menschen im Kaffeehaus ins Gespräch vertieft sind und dabei ganz automatisch spiegelsymmetrisch zueinander sitzen, so kannst auch du die Körperhaltung der Person gegenüber einnehmen. Du bemerkst dabei zwei Effekte gleichzeitig: Erstens wirst du von der anderen Person als sympathisch wahrgenommen, zweitens bekommst du mit, wie sich diese Person gerade fühlt: Erinnere dich: Das aktuell gezeigte Verhalten spiegelt die aktuelle Gefühlslage der Person wider. Wir nennen diesen Zustand, wenn zwei Menschen eine Verbindung zueinander aufgebaut haben, Rapport. Wechselt eine Person ihre Körperhaltung, schlägt sie zum Beispiel das eine Bein über das andere, wird die andere Person ihr zeitversetzt folgen, ohne dass ihr das bewusst wird. Solange »gefolgt« wird, können wir davon ausgehen, dass Rapport besteht. Im Zustand des Rapports bewerten beide Personen den Kontakt zum Gegenüber positiv, gegenseitige Anpassung verstärkt diese wechselseitige Bezogenheit zueinander.

Passen wir die Art und Weise unserer verbalen und nonverbalen Kommunikation immerwährend an die des Gesprächspartners an, wenn wir mit ihm in Rapport gehen, einen guten Draht aufbauen und den Rapport halten, stellt sich ein Gefühl der Befriedigung, Harmonie und Sicherheit ein. Rapport ist der Schlüssel für ein achtsames Gespräch, für einen respektvollen Diskurs und Umgang miteinander. Es ist der Schlüssel dafür, dem Gesprächspartner neue Ideen, Denkmuster und Sichtweisen anzubieten, um seine Verhaltensmöglichkeiten zu erweitern. Gerade wenn wir Konflikte gehen lassen wollen, ist Rapport eine wesentliche Voraussetzung gellingender Kommunikation, auch wenn wir mit unserem Gesprächspartner inhaltlich nicht übereinstimmen.

Rapport wird somit zum unerlässlichen Bestandteil gelingender Kommunikation, da die beiden Gesprächspartner hauptsächlich durch ihr unbewusstes Angleichen nonverbalen Verhaltens eine Verbindung zueinander spüren. Auf Augenhöhe begegnen bewirkt, besser zu verstehen und besser verstanden zu werden, auch wenn du mit dem Gesagten der anderen Person nicht einverstanden bist. Entwickelt sich ein Streitgespräch oder eskaliert dieses, kann es vorkommen, dass einer der beiden Gesprächspartner den Rapport durch eine plötzlich spontane und unerwartete Bewegung, wie etwa Aufspringen und Lautwerden, unterbricht. Die andere Person ist dann meist überrascht und etwas verwirrt. Besser wäre es anzustreben, den Rapport zu halten, und ebenfalls aufzuspringen und die eigene Lautstärke anzupassen. Das klingt möglicherweise überraschend für dich, jedoch es wirkt. Gelingt es dir, den Rapport zu halten, kannst du die Führung des Gesprächs wieder übernehmen, indem du dich langsam wieder beruhigst. Dein Gesprächspartner wird dir bei aufrechtem Rapport folgen, und sich ebenfalls wieder beruhigen. Durch das Halten des Rapports fühlt er sich besser verstanden, du verstehst ihn besser, auch wenn du sowohl mit dem Gesagten als auch mit seiner Reaktion nicht einverstanden bist.

Jedes Verhalten birgt eine unsichtbare Absicht

Vor vielen Jahren empfahl mich ein guter Freund an eine Bekannte von ihm. Die Dame, nennen wir sie Astrid, litt unter einem Bandscheibenvorfall und gleichzeitig an Tinnitus mit Panikattacken. Ihr Körper zeigte somit ein Verhalten, für das es in der Schulmedizin klare Bezeichnungen gibt. Der Bandscheibenvorfall war bereits operiert, schmerzte jedoch noch immer. Der Tinnitus mit Panikattacken war latent präsent, mal mehr und mal weniger stark. Auf jeden Fall war Astrids Leben sehr eingeschränkt. Dabei wünschte sie sich so sehr, wieder ihren sportlichen Betätigungen nachgehen zu können und auf Reisen zu gehen. Doch nichts dergleichen konnte sie tun.

Der Coachingprozess startete wie üblich. Eine der grundlegenden Annahmen ist, dass Menschen mit allem, was sie tun, eine Absicht verfolgen. Als Laie würde man sich fragen, welche Absicht kann hinter solchen Symptomen stecken, es ist eine Krankheit, und diese wünscht sich niemand, oder? Du weißt inzwischen: Alles, was im Körper passiert, und jegliches Verhalten, das der Körper zeigt, ist fast zu 100 Prozent unbewusst. Wenn wir von der Annahme ausgehen, dass das Unbewusste unseren Körper steuert, könnten wir die Ursache und die Absicht im Unbewussten suchen. Gehen wir weiter davon aus, dass alle körperlichen Bewegungen eine Form der Kommunikation sind und unsere Kommunikationsmuster in unserem Museum der Erinnerungen abgespeichert sind, dann ist mit dem Verhalten des Körpers eine Absicht verknüpft. Eine Absicht, die tief im Unbewussten der Person schlummert und eben nicht bewusst ist.

Um an das Unbewusste heranzukommen, braucht es, wie bereits erwähnt, Rapport. Rapport schafft die Verbindung zum Unbewussten der anderen Person. Wenn wir tiefen Rapport etabliert haben und ehrlich an der Antwort interessiert sind, können wir fragen: »Was bringt dir deine Krankheit, was hast du davon?« Wir fragen somit nach der Absicht, nach den Vorteilen und nach dem Zweck. Ich stellte diese Frage, und die Antwort kam wie aus der Pistole geschossen, ohne dass Astrid nachdenken musste. Sie sagte: »Damit ich Zeit für mich habe.« Ich fragte weiter: »Und, hat es funktioniert?« Sie sagte mit voller Überzeugung: »Ja«. Daraufhin ich: »Ein schmerzliches und aufwendiges Unterfangen, oder?« Sie: »Ja, aber es hat funktioniert.«

Als ich in meinen Ausbildungen das erste Mal davon hörte, dass Menschen auf die Frage »Was hast du davon?« blitzschnell eine Antwort geben, konnte ich es gar nicht glauben. Dieser Gedanke ist doch der Schulmedizin, in der Symptome und deren Ursachen behandelt werden, jedoch in den seltensten Fällen nach der Absicht gesucht wird, eher fremd. Ein Zitat von Hippokrates brachte mich zum Nachdenken:

> *Wenn du jemanden gesund machen möchtest, so frage ihn, ob er bereit ist, den Grund seiner Krankheit gehen zu lassen.*

Wenn es einen Grund gibt, gibt es auch eine Absicht. Schon Aristoteles beschrieb in seinen »Vier Ursachen«, dass eine Sache immer vier Ursachen (Causae) hat: die Materialursache (causa materialis), die Formursache (causa formalis), die Ursache der Bewegung (causa efficiens) und die Zweckursache (causa finalis). Die Ursache der Bewegung ist der Grund, die Zweckursache entspricht der Absicht. Material und Form sind die beobachtbaren Anteile des Verhaltens. Heute kann ich mit voller Überzeugung und aus langjähriger Erfahrung sagen, dass mir alle meine Klientinnen und Klienten im Zuge des Coachingprozesses die Absicht ihres Verhaltens nennen. Was immer ich als Antwort höre, gilt für mich als so gegeben.

Die bis dahin unbewusste und nun bewusst gewordene Absicht hinter Astrids Verhalten war also, Zeit für sich zu haben. Du fragst dich vielleicht, warum hat sie, wenn sie Zeit für sich wollte, es nicht einfach gesagt? Die Antwort klingt einfach: Sie hatte keine Worte dafür, sie konnte ihren Wunsch nicht formulieren. Warum nicht? Lass mich das erklären: Wir haben uns bereits darüber unterhalten, dass im Museum der Erinnerungen auch unsere Werte abgespeichert sind, die Dinge, die uns wichtig sind. Je nach Lebensbereich haben wir unterschiedliche Wertehierarchien. Das bedeutet, es gibt pro Lebensbereich einen wichtigsten, einen zweit-, einen dritt- und viertwichtigsten Wert usw. Jedem dieser Werte ist ein Kriterium zugeordnet, an dem wir erkennen, ob dieser Wert erfüllt ist beziehungsweise was wer zu tun hat, um diesen Wert zu erfüllen.

Im Zuge des Coachingprozesses werden durch geeignete Fragestellungen die einzelnen Werte und deren Erfüllungskriterien vom Unbewussten ins Bewusste, gleichsam an die Oberfläche, geholt. Es stellte sich heraus, dass bei Astrid die Erfüllung aller Werte vom Verhalten anderer Menschen abhängig war. So auch die beiden Werte Wohlbefinden und Harmonie: Wohlbefinden war in Astrids Auffassung dann gegeben, wenn andere Menschen ihr Zeit einräumten, damit sie sich um sich selbst kümmern konnte. Harmonie war gegeben, wenn sich alle in der Umgebung gut verstehen würden. Nun war es aber so, dass ihre Umwelt sie sehr gefordert hat, der Wert Wohlbefinden nie erfüllt wurde, und gleichzeitig wollte sie den Wert Harmonie nicht gefährden, und äußerte somit auch nicht verbal, dass sie Zeit für sich selbst benötigte.

Nach vielen Jahren begann ihr Körper, sich nonverbal mit den oben beschriebenen Symptomen auszudrücken, und zwar so, dass sie ihren Wert Wohlbefinden kommunizierte, ohne die Harmonie zu gefährden. Ihr Umfeld zeigte sich ob der Krankheit verständnisvoll, dass Astrid Zeit für sich selbst benötigte. Im Coaching konnte sie lernen, einfach, klar und freundlich zu sagen: »Ich brauche Zeit für mich« und so, dass alle Menschen in ihrer Umgebung dies als selbstverständlich und wohlwollend annehmen konnten. Wie durch ein Wunder konnten die Symptome verschwinden, da die nonverbale Kommunikation von einer verbalen abgelöst wurde. Die Ärzte waren von der Dynamik der Heilung überrascht. Wenige Wochen später konnte sich Astrid wieder an ihren Hobbys erfreuen und ein angenehmes Leben führen.

Warum erzähle ich das so ausführlich? Astrid befand sich in einem Konflikt. Ihr Umfeld hatte es ihr in ihrer Wahrnehmung nicht ermöglicht, sich Zeit für sich zu nehmen, und das Kriterium ihres Werts Harmonie hat es ihr nicht erlaubt zu sagen, dass sie Zeit für sich benötigt. Die Erfüllung ihres Wertes Wohlbefinden war für sie in einem bedrohlichen Ausmaß gefährdet, dagegen musste sie ankämpfen. Sie tat es erfolgreich und gleichzeitig schmerzhaft, nämlich durch Krankheitssymptome, die sie zeigte. Erst als sie begriff, dass sie Wohlbefinden für sich selbst erfüllen und dies auch formulieren konnte, war die nonverbale Kommunikation in Form der Symptome nicht mehr erforderlich.

Wir können aus diesem Beispiel mitnehmen, dass jedem Verhalten in einer bestimmten Umgebung, dem Kontext, eine Absicht zugrunde liegt. Diese Absicht ist meist unbewusst in Form von Werten und den dazugehörigen Kriterien im Museum der eigenen Erinnerungen hinterlegt. Aus dem Verhalten einer Person können wir nicht auf die Absicht schließen, wir können keine Gedanken lesen. Wir können jedoch fragen, was hinter der Absicht steckt. Bei Meinungsverschiedenheiten, Auseinandersetzungen, Streit und bei Konflikten gilt dies ebenso: Wir sehen nur das Verhalten der anderen Personen, wir hören, was sie sagen und welche Formulierungen sie verwenden, wir sehen ihre nonverbale Kommunikation in Form von Körperbewegungen, wie Mimik, Haltung etc., wir spüren deren Energie, riechen vielleicht deren Körperschweiß und haben einen schalen Geschmack im Mund. Wollen wir daraus schließen, was die andere Person denkt, sind wir auf einem Irrweg. Wir können nur erkennen, wie wir all diese Wahrnehmungen anhand unseres eigenen Museums der Erinnerungen bewerten. Wir nehmen unser Spiegelbild war.

» Wollen wir wissen, was die andere Person denkt, so müssen wir nach deren Absichten fragen.

Inwieweit hilft es, die Absicht unserer Streit- und Konfliktpartner zu kennen? Im Streit- und Konfliktfall gehen die Emotionen mitunter sehr hoch. Das ist verständlich, da sich zumindest einer der beiden Beteiligten in seinem Leben aktuell gefährdet fühlen könnte und im Konfliktfall sich definitiv gefährdet fühlt. Angst und Verärgerung dominieren. Diese beiden Emotionen führen wiederum zu einem eingeschränkten Denk- und Urteilsvermögen.

Du kennst das sicherlich, dass du in einem Moment, in dem du verärgert warst, etwas gesagt oder eine Entscheidung getroffen hast, wo du dir im Nachhinein an den Kopf gefasst und die du später bereut hast. Vielleicht war es eine Unachtsamkeit, ein unbedachtes Wort, das die Stimmung ruinierte und nicht notwendig gewesen wäre. Eingeschränktes Denkvermögen bewirkt, dass wir noch mehr auf unserem Standpunkt beharren, dass wir erwarten, dass der andere endlich nachgibt, denn nur unsere Meinung ist die einzig richtige – denken wir zumindest. Blöderweise denkt der andere aber genauso. Ein Festfahren der Standpunkte ist oft die Folge. Würden wir jedoch sowohl die eigenen Absichten als auch die Absichten und Interessen der anderen erkennen, könnten sich völlig neue Möglichkeiten auftun.

Es könnte der Fall sein, dass unsere Absichten womöglich gleich oder zumindest ähnlich sind, nur die Wege, wie wir unsere Absichten umsetzen wollen, sich unterscheiden. Wenn es im Konfliktfall etwa um das Sorgerecht der Kinder geht, könnten bei verantwortungsvollen Eltern die Absichten um das Wohlergehen der gemeinsamen Kinder sehr ähnlich sein: Beide Konfliktpartner haben Interesse daran, dass die Kinder auch nach einer Trennung ein gutes Leben führen und die Beziehung zu beiden Elternteilen bestehen bleibt, denn Kinder brauchen beide, Vater und Mutter. Eine weitere gemeinsame Absicht könnte sein, jeweils Zeit für sich zu haben, um vielleicht einen neuen Partner oder eine neue Partnerin kennenlernen zu können, oder einfach Zeit zum Ausgehen zu haben. Du siehst bereits, gemeinsame, erkannte Absichten ermöglichen es, einen gemeinsamen Weg zu finden. Plötzlich gibt es Kompromissbereitschaft und Kooperation, wenn es um die Festlegung der Betreuungszeiten geht, wann sich Mutter und Vater jeweils um die Kinder kümmern. Solange die gemeinsamen Absichten nicht explizit bekannt waren, gab es ein Feilschen darum, wer sich mit seinem Standpunkt durchsetzt. Erst das Kennen der gemeinsamen Absichten hat die Möglichkeit des Zusammenwirkens trotz vieler anderer verbleibenden Unstimmigkeiten ermöglicht.

Es könnte jedoch auch genau umgekehrt sein, dass die Absichten komplett unterschiedlich sind. Das erinnert mich an die Geschichte, wo zwei Schwestern um eine Orange streiten. Der Streit dauert an, da jede der beiden Schwestern die ganze Orange haben möchte. Die schon gereizte Mutter weiß sich nicht anders zu helfen, als die Orange in zwei

Hälften zu schneiden, und jeder Tochter jeweils eine Hälfte zu geben. Die eine Schwester nimmt ihre Hälfte in die Hand und wirft das Fruchtfleisch weg, da sie die Schale zum Verfeinern eines Kuchens verwendet, die andere wirft die Schale weg und behält das Fruchtfleisch, da sie sich Orangensaft pressen möchte. Hätten sich die beiden über ihre Absichten ausgetauscht, wären beide deutlich besser ausgestiegen. Zunächst unterschiedlich aussehende Absichten können sich als kompatibel, als zueinander passend herausstellen.

Es gibt sicherlich Situationen, in denen die Absichten der Konfliktparteien nicht zusammenpassen. Ich denke an Grenzstreitigkeiten zwischen zwei Nachbarn. Der eine beansprucht ein Stück Grund, das der andere jedoch für sich reklamiert. In diesen Situationen scheint es zunächst aussichtlos, eine gemeinsame oder zumindest kompatible Absicht zu finden. Doch wer weiß. Welche Interessen stecken jeweils dahinter? Findet der eine sich ungerecht behandelt, weil sein Vater einen Teil des Grundstücks vor vielen Jahren abtreten musste? Geht es vielleicht auch nur um Unklarheiten, was die Grenzziehung betrifft? Liegen vielleicht unterschiedliche, sich widersprechende Flächenpläne vor? Solange ein Gespräch untereinander noch möglich ist, muss es aufgenommen werden, um eben die gegenseitigen Interessen und Absichten zu klären. Solange noch miteinander gesprochen wird, ist eine der höchsten Absichten sicherlich, eine friedliche Nachbarschaft aufrechtzuerhalten. Wir werden uns im Zuge dieses Buches einige Fälle anschauen und herausfinden, wie das Entdecken gemeinsamer Absichten auch in schon scheinbar verfahrenen Situationen gelingen kann.

Während der Coronapandemie haben wir alle erlebt, dass uns unterschiedliche Meinungen, wie etwa zur Impfpflicht, besonders gefordert haben. Egal wie du selbst zur Impfpflicht oder zum Impfen stehst, die Meinungsverschiedenheiten und der Streit darüber hat unsere Gesellschaft, hat Unternehmen und Familien gespaltet. Unterschiedliche

Standpunkte prallten aufeinander. Um sich Gehör zu verschaffen, gingen beide Gruppen auf die Straße und skandierten lautstark ihre Forderungen, gewalttätige Auseinandersetzungen waren immer wieder die Folge. Der Impfkonflikt ist eskaliert. Was hätten die Verantwortlichen, die Regierung und die Interessenvertreter anderes tun können, als ihre eigene Meinung zu vertreten? Die Antwort liegt auf der Hand: Sie hätten beide Gruppen nach deren Absicht befragen können. Ich bin davon überzeugt, dass wir von beiden Gruppen, von den Gegnern und den Befürwortern, ähnliche Antworten bekommen hätten. Beide hätten gesagt, ich möchte mein Leben schützen. Beide hätten zum Ausdruck gebracht, dass ihnen das Leben ihrer Familie, ihrer Angehörigen und Freunde wichtig ist. Beide Gruppen möchten gehört, anerkannt und verstanden werden. Trotz so unterschiedlicher inhaltlicher Auffassungen zum Thema Impfung sind die Absichten so ähnlich, wenn nicht sogar deckungsgleich. Es war ihnen nur nicht bewusst, weil sie niemand nach ihren Absichten gefragt hat, sondern das eine Verhalten gelobt und das andere verdammt wurde. Das Erkennen der gemeinsamen Absichten wäre ein verbindendes Element gewesen. Die beiden Gruppierungen hätten erkannt, dass es ihnen um das Gleiche geht. Mit dieser Gewissheit ausgestattet, wären viel bessere Lösungsmöglichkeiten im Umgang mit dem Thema Impfung möglich gewesen. Die gegenseitige Rücksichtnahme wäre wesentlich stärker gelebt worden.

»Unterschiedliche Meinungen und Auffassungen lassen sich leichter lösen, wenn beide wissen, sie wollen in Wirklichkeit dasselbe.

Wenn die Angst dein ständiger Begleiter ist

Wir haben uns bisher über Werte und deren Kriterien sowie über die Absichten deines Verhaltens einige Gedanken gemacht. Du konntest erkennen, dass jedes deiner Verhaltensmuster, bewusst oder unbewusst, eine Absicht in sich birgt. Diese Absicht spiegelt sich in deinen Werten. Es sind deine Werte, die du für dich erfüllt haben möchtest. Für jeden Wert hast du ein Kriterium, ein Maß definiert, an dem du erkennen kannst, ob der Wert erfüllt ist, wer was wie zu tun hat, damit dieser Wert erfüllt ist. Du weißt bereits, dass es auf die Formulierung der Kriterien ankommt: Ist es notwendig, dass jemand anderer etwas für dich tut, damit dein Wert erfüllt ist, oder ist es bloß notwendig, dass du selbst etwas tust, damit dein Wert erfüllt ist?

Menschen, die sich ihre Werte tendenziell selbst erfüllen können, erleben sich als wenig abhängig vom Verhalten anderer Menschen. Sie sind gelassener, offener für andere Meinungen. Natürlich sind sie nicht mit allem einverstanden, was in unserer Welt passiert. Sie haben jedoch die Fähigkeit, selbst zu bestimmen, wie sie sich fühlen. Sie sind in der Lage, trotz der schrecklichen Umstände in unserer Welt ein zufriedenes Leben zu führen und ihren Beitrag für eine bessere Welt zu leisten. Sie besitzen ein hohes Selbstwertgefühl. Im Gegensatz dazu stellen Menschen, die sich abhängig fühlen, hohe Forderungen an ihre Umwelt. Klar, sie brauchen die Erfüllung ihrer Ansprüche von anderen, damit sie sich wohl fühlen und übersehen dabei, wie abhängig sie in Wirklichkeit sind. Das Gefühl der Abhängigkeit generiert Angst. Angst ist selten ein guter Ratgeber – nur dann, wenn es um Vorsicht vor Gefahren geht. Für die Gestaltung des eigenen Lebens ist Ängstlichkeit schädlich, sie mindert das Denkvermögen und macht auf Dauer krank.

Ich möchte an dieser Stelle noch eine weitere Perspektive in unsere Betrachtungsweise einbringen. Es geht darum, welche Fragen du dir in deinem Leben hauptsächlich stellst. Lass uns beginnen:

Menschen, die ums Überleben kämpfen, beruflich, gesundheitlich oder finanziell, stellen sich die Frage, wie sie sich ihre Lage erleichtern und an einen Job, an Geld oder Nahrungsmittel herankommen könnten. Wir können dies in unserer aktuellen Zeit einer hohen Inflation, des Kriegs in der Ukraine, des Säbelrasselns zwischen China und Taiwan, zwischen Nord- und Südkorea und zwischen den Großmächten gut beobachten. Die Klimakrise tut ihr Übriges. Überlebensängste machen sich breit.

Hingegen fühlen sich Menschen, die in Gemeinschaften zusammenleben, die in Vereinen organisiert sind, ein wenig sicherer. Das Aufeinander-verlassen-können und die gegenseitige Unterstützung stehen im Vordergrund. Man hilft einander, wenn der eine oder die andere etwas braucht, wohl wissend, dass man sich später einmal auf den anderen verlassen kann, wenn man selbst Hilfe benötigt. Es wird darauf geschaut, dass der »Tausch« fair ist, dass sich niemand über den Tisch gezogen fühlt. Man geht arbeiten, um Geld zu verdienen, einen gerechten Lohn zu erhalten, um dessen Anpassung jedes Jahr in Kollektivvertragsverhandlungen mit den Unternehmern gestritten wird. Arbeiten wird als Tausch der eigenen Zeit gegen Geld verstanden. Hat man genug Geld, dann tauscht man es gegen ein Auto, einen Urlaub oder gegen etwas anderes, wenn man der Meinung ist, dass es auch das Geld wert ist, das man dafür hergibt. Reziprozität steht im Vordergrund: Heute helfe ich dir, morgen hilfst du mir, oder alttestamentarisch formuliert: Auge um Auge, Zahn um Zahn. Die größte Angst ist, doch über den Tisch gezogen zu werden, ohne es zu bemerken.

In jeder Gemeinschaft, in jedem Clan, gibt es einen Stärksten oder eine Stärkste, man könnte auch »Häuptling« sagen. Der Häuptling hält seine Gruppe zusammen, führt sie an und verteidigt sie nach außen. Er hat das Sagen, ist Oberhaupt und schaut auf seine Schäfchen. Sein Auftreten ist oft lautstark und vorwurfsvoll jenen gegenüber, die aus seiner Sicht versuchen, die Seinen auszubeuten. Häuptlinge fühlen sich unverletzbar. Werden sie angegriffen, greifen sie zur nächstbesten Waffe, um sich zu verteidigen, ohne darauf zu achten, welche späteren Folgen ein unüberlegter Einsatz von Gewalt haben könnte. Wir finden Menschen dieser Sichtweisen als Vorstände von Vereinen, von Parteien, von Genossenschaften und von Interessensvertretungen. An Häuptlinge kommt man nicht gut heran, da sie die Nähe scheuen. Sie schotten sich von ihrer Umgebung ab und lassen nur Auserwählte niedrigeren Rangs an sich heran. Sich in ihrer Nähe zu befinden, ist nicht immer angenehm, da man ihren Stimmungen ausgeliefert ist. Widerspruch dulden sie nicht. Sie haben die Wahrheit für sich gepachtet, und sie zeigen es in Form von Statussymbolen. Ihre vermeintliche Macht beruht auf dem ihnen verliehenen oder erkämpften Status. Das schüchtert ihre Untertanen, die Mitglieder ihres Clans, ein. Menschen außerhalb des Clans empfinden das Verhalten von Häuptlingen befremdlich oder bedrohlich und wissen oft nicht, wie sie mit der gezeigten Macht umgehen sollen. Die größte Angst von Häuptlingen ist es, eines Tages nicht mehr das Sagen zu haben, denn ein- oder unterordnen können sie sich nicht (mehr).

Manche Häuptlinge erkennen jedoch, dass Macht und Status nicht alles im Leben gewesen sein kann. Sie beginnen, sich die Frage nach dem Sinn des Lebens zu stellen. Doch wo findet man den Sinn des Lebens? Sinn entsteht, wenn wir uns selbst in eine Idee einordnen können, wenn wir Teil eines größeren Ganzen sind. Dieses größere Ganze gibt uns ein Versprechen, das durch Einhaltung von Regeln erfüllt wird. Es sind Regeln, die von einer Gruppe von Menschen, von einer Organisation, erstellt wurden, und die Verheißung versprechen. Die größte Organisation dieser Art ist die katholische Kirche, deren Regelwerk umfangreich ist. Wir alle haben zum Beispiel schon von den Zehn Geboten gehört. Hältst du dich an die Regeln und richtest du dein Leben danach aus, so erfährst du ewiges Leben, allerdings erst nach deinem Tod, so das Versprechen. Für viele Menschen macht dies Sinn. Sie fühlen sich eingebettet, gut aufgehoben und haben klare Anweisungen, nach denen sie sich richten können. Ähnliches gilt für alle Weltreligionen. Wer welche Regeln erstellt, wer sie verändern darf und wer deren Einhaltung kontrolliert, ist von Religion zu Religion unterschiedlich. Menschen finden ihre Erfüllung in Wohltätigkeitsorganisationen, wie Lions Clubs, Rotary oder Kiwanis. Auch hier gibt es Strukturen und Regeln, wie gehandelt werden darf und soll. Es macht einfach Sinn, gemeinnützig und ehrenamtlich tätig zu sein, um das Leid auf dieser Welt etwas zu lindern. Jede Art von Hobby- und Freizeitorganisationen hat ebenfalls Regeln, um Mitglied sein zu können. Die Regeln dienen dazu, den Vereinszweck zu erreichen und das Miteinander zu gestalten.

Immer wieder lerne ich Menschen kennen, die in ihrer Mitgliedschaft ihre Erfüllung finden. Das Leben macht für sie Sinn. Die Einhaltung der Regeln ist oberstes Gebot. Fühlt sich jemand mit den Regeln nicht wohl, fängt die Person zu hadern an, ob sie weiterhin dabeibleiben soll. Konflikte können die Folge sein, wenn der wahrgenommene Zwang zur Regeleinhaltung mit den eigenen Werten nicht mehr übereinstimmt. Aus meiner Aktivität bei den Lions kenne ich dies gut: Einerseits soll man sich in seiner Freizeit ehrenamtlich engagieren, andererseits geht diese Zeit für die eigene

Familie verloren. Findet man keine harmonische Lösung, befinden sich die Betroffenen oft in einem inneren Konflikt. Ähnliches gilt für die sogenannte Work-Life-Balance. Die Bezeichnung selbst formuliert schon einen Konflikt, nämlich dass Arbeit und Leben ausbalanciert sein müssten. Da Arbeit immer Teil des Lebens ist, können Arbeit und Leben nicht gegenübergestellt werden. Wie kann jemand Lebenszeit, die in der Arbeit verbracht wird, außerhalb seines Lebens stellen? Da dies nicht machbar ist, jedoch zwanghaft eine Lösung dafür gesucht wird, befindet man sich mit diesem Denkmuster in einem Konflikt. Die Streitigkeiten rund um die Themen Arbeitszeitgesetz, Entgelt, Arbeitnehmerschutz etc. kennen wir alle. Oft bleibt es nicht bei Streitigkeiten, Arbeitskämpfe, Streiks und Demonstrationen fallen uns besonders dann auf, wenn der Weg zur Arbeit blockiert ist oder der Flug in den Urlaub ausfällt. Alles eine Folge des Konflikts Work gegen Life.

Viel sinnvoller wäre es, das Leben in unterschiedliche Bereiche zu gliedern, wie z. B. Arbeit, Familie, Freunde, Gesundheit, persönliche Entwicklung und Spiritualität. In jedem dieser Lebensbereiche haben Menschen ihre eigenen individuellen Werte und deren dazugehörige Kriterien, wie die Werte zu erfüllen sind.

» *Es gilt, alle Lebensbereiche zueinander harmonisch auszugestalten. Jedem Lebensbereich ist ein Teil der Lebenszeit zu geben, damit sich dieser entfalten kann.*

Jedem Lebensbereich ist ein Teil der eigenen Energie zuzuführen, damit dieser gestärkt ist. Erst wenn jeder Bereich bekommt, was er benötigt, und wenn diese Bereiche zusammenarbeiten, miteinander wirken, empfinden wir Harmonie. Die größte Angst von Menschen in Organisationen, die vornehmlich in Regeln denken, ist, dass diese Regeln verletzt werden. Das Denken ist autoritär. Jemand, der Regeln verletzt, ist nicht mehr Teil der Organisation. Kann er nicht bekehrt werden, so muss er bestraft werden.

Menschen sind in der Lage zu erkennen, dass sie vorgegebene Regeln, wie zum Beispiel Gesetze, zu ihrem Vorteil verwenden können. Sie machen sich selbstständig oder gründen Unternehmen, um die Regeln, in denen sie leben, zu ihrem Vorteil zu nutzen. Sie versuchen, die Zusammenhänge zu verstehen, studieren Gesetze und loten deren Grenzen aus: Was alles ist gerade noch machbar und erlaubt, um sich einen persönlichen Vorteil, einen finanziellen Gewinn zu verschaffen? Das Leben wird als strategisches Spiel verstanden. Wie auf einem Schachbrett wird die Stellung der anderen Figuren beobachtet und analysiert. Welchen Zug wird der Gegner machen, was wäre ein guter nächster Schritt für mich? Marktbegleiter und Mitbewerberinnen werden als Gegner deklariert, oder strategische Allianzen werden eingegangen. Es geht darum, zu gewinnen. Wer fällt, steht wieder auf. Bleibt er liegen, ist es vorbei. Regeln, die ihnen nicht gefallen, werden bekämpft. Es wird hart verhandelt, bis das gewünschte Ergebnis vorliegt. Das ist die Welt des Unternehmertums: Es gibt Gewinner und Verlierer. Läuft es nicht nach den eigenen Vorstellungen, gehen einem die Ideen und die Kraft aus, wird gern manipuliert. Manipulation als Ausweg, um zu überleben.

Gesetzesverletzungen, Steuerhinterziehungen, persönliche Angriffe und Verleumdungen kennen wir aus der Tageszeitung zur Genüge. Die größte Angst des, nennen wir ihn klassischen Selbstständigen oder Unternehmers, ist es, als Verlierer und Versager dazustehen. Ich spreche hier von klassischen Unternehmern, da wir uns noch in diesem Kapitel über einen anderen Unternehmertypus unterhalten werden. Die Angst, als Versager abgestempelt zu werden, setzt oft ungeheure Energien frei. Der Konflikt, in dem sich diese Menschen befinden, treibt sie vor sich her. Es wird alles getan, um gut dazustehen, um einen guten und erfolgreichen Eindruck vermitteln. Die Fassade muss erhalten bleiben, das Spiel muss weitergehen. Nicht selten endet es dann doch, wenn Alkohol und Drogen überhandnehmen, wenn der Zusammenbruch naht, wenn wir von Depressionen und anderen Überlastungssymptomen sprechen, oder gar Suizid begangen wird. Es ist immer die latente Angst vorhanden, doch als Versager abgestempelt zu werden.

Manche von ihnen finden einen Ausweg. Sie stellen sich die Frage, auf was es im Leben wirklich ankommt. Als Antwort finden sie etwas, das wir als ein Wir-Gefühl bezeichnen können. Sie erkennen den Wert von zwischenmenschlichen Beziehungen und von Gemeinschaft. Das Miteinander tritt in den Vordergrund – macht es doch Sinn, aufeinander zu achten und zu teilen. Jede und jeder von uns hat das Recht auf Freiheit, auf persönliche Entwicklung und auf Gemeinschaft. Miteinander geht es leichter. Wir gehören alle zusammen. Aussagen, wie »Sharing is Caring« prägen unsere Gedanken. Wir fragen uns, wie wir die Energiekrise meistern und den Klimawandel stoppen. Jede und jeder ist aufgerufen, etwas dazu beizutragen. Gemeinschaftlichkeit steht vor Gewinn und Profit. Kommt es zu Meinungsverschiedenheiten, wird basisdemokratisch abgestimmt. Mit Andersdenkenden sucht man Konsens. Die eigenen guten Ideen gilt es zu verwirklichen, und das mit Nachdruck. Gelingt dies nicht, zeigt man sich gern beleidigt. Nicht verstanden zu werden, wird auf den eigenen geringen Selbstwert zurückgeführt, da man ja nur gemeinschaftlich erfolgreich sein kann. Der Konflikt zwischen dem eigenen Selbst und dem gemeinschaftlichen Wir schürt Ängstlichkeit. Würde ich mein eigenes Selbst finden, aus der Gemeinschaft herausstechen, dann wäre ich nicht mehr Teil davon.

In diesem soeben beschriebenen Konzept, das unter dem Namen »Spiral Dynamics« bekannt ist und ursprünglich von Clare W. Graves entwickelt wurde, haben wir sechs Ebenen kennengelernt. Jede dieser Ebenen ist durch eine bestimmte Form von Ängstlichkeit gekennzeichnet: Angst ums Überleben, über den Tisch gezogen zu werden, Macht und Status zu verlieren, Regeln zu verletzen, als Versager abgestempelt zu werden oder das eigene Selbst zu finden. Mehr als 98 Prozent der Menschen befinden sich in ihrem Denken auf einer dieser Ebenen, oder sie sind am Übergang von einer zur nächsten (siehe Beck, Don Edward: Spiral Dynamics, S. 300–301). Eine dieser genannten Ängste ist in unserem Leben mehr oder weniger stark ausgeprägt. Diese führt zu bestimmten Verhaltensweisen, die andere Menschen an uns beobachten können: Jemand, der ums Überleben kämpft, wird alles versuchen, um an Nahrung zu kommen. Jemand, der in Reziprozität denkt, wird sehr skeptisch und misstrauisch sein und glauben, von anderen dauernd missbraucht zu werden. Jemand, der sich als Häuptling fühlt, wird seine Position mit harschen Worten verteidigen und andere niedermachen. Jemand, der in Regeln denkt, wird gegen jene, die Regeln verletzen, angreiferisch und vorwurfsvoll vorgehen. Jemand, der fürchtet, als Versager dazustehen, wird Schutzwälle um sich aufbauen und auf eine gute Fassade achten. Jemand, der auf Konsens und ein »gemeinschaftliches Wir« ausgerichtet ist, wird versuchen, es allen recht zu machen, und wenn dies nicht gelingt, beleidigt und arrogant sein.

Jede dieser Verhaltensweisen dient zum Schutz der eigenen Werte entsprechend den beschriebenen Ebenen, die auch Meme genannt werden. Erschwerend kommt hinzu, dass die Meme einander nicht nur nicht verstehen, sondern voneinander auch nichts wissen: Menschen, die ums Überleben kämpfen, sind verständlicherweise auf sich zentriert und suchen die Schuld bei anderen, bei den Umständen, nur nicht bei sich selbst. Deswegen tun sie sich so schwer, sich aus ihrer Lage zu befreien. Die Mehrzahl der arbeitenden Menschen, die Zeit gegen Geld tauschen, können Unternehmertum nicht begreifen. Für sie ist es unvorstellbar, unternehmerisch tätig zu sein. Unternehmer werden von Arbeitnehmervertretungen des Öfteren als deren größter Feind dargestellt, und sie vergessen dabei, dass genau diese Unternehmer deren Arbeitgeber sind. Menschen im »gemeinschaftlichen Wir« verstehen jene nicht, die für industriellen Fortschritt sind und die Natur aus egoistischen Gründen ausbeuten. Menschen, die in starren Regeln denken, tun sich schwer, Andersdenkende anzuerkennen, wie zum Beispiel rechte Parteien keinen Zugang zu Migration finden. Ich erinnere mich an die vielen Debatten zur Flüchtlingskrise im Jahr 2015, wo die einen anmerkten, man dürfe Menschen nicht im Mittelmeer ertrinken lassen, und die anderen sagten, wir bräuchten eine gesamtheitliche Lösung zur Flüchtlingsfrage. Die beiden Lager sind regelmäßig aneinandergeraten, weil sie einander nicht verstanden haben. Die einen dachten in Regeln, die anderen im »gemeinschaftlichem Wir«. In Wirklichkeit wollten sie jedoch beide dasselbe, nämlich eine gute Lösung, ohne diese gemeinsame Absicht jedoch erkannt zu haben. Konflikte sind vorprogrammiert, da die Verletzung der eigenen Werte als bedrohlich bewertet wird.

Im Model von Spiral Dynamics gibt es allerdings noch weitere Ebenen, weitere Meme, die angstbefreit sind:

- Menschen, die zu ihrem Selbst gefunden haben, anerkennen unterschiedliche Realitäten und Sichtweisen, auch wenn diese da und dort widersprüchlich sind. Sie haben ein hohes Selbstwertgefühl erlangt. Ihre Wahrnehmungen hinterfragen sie, bevor sie sie bewerten. Egal was es

ist, sie fragen sich, wie sie die Dinge des Lebens für sich nutzen können. Funktionalität und Selbstinteresse stehen im Vordergrund. Macht etwas für sie keinen Sinn mehr, dann suchen sie sich ein neues Umfeld und Betätigungsfeld, das sie als neue Herausforderung verstehen. Sie verstehen es, die ersten sechs angstzentrierten Meme als Informationsquelle und zur Umsetzung der eigenen Ideen zu nutzen, wobei diese Ideen nicht immer positiv und nicht immer zum Wohle der Menschheit dienen müssen. Die zentrale Frage dieses Mems ist: »Was kann ich aus jeder meiner Erfahrungen lernen?«
- Das achte Mem beschreibt Clare W. Graves als ganzheitlich harmonisches Kollektiv. Selbstverantwortliche Menschen machen ausgedehnten Gebrauch von ihrem Gehirn, um alle Geisteskräfte zu nutzen. Das Selbst wird zum Teil eines größeren Ganzen. Die zentrale Frage ist, wie die aktuelle Situation zum Gelingen des Lebens aller Menschen beitragen kann. Hier finden wir jene Unternehmerinnen, die die Welt von morgen gestalten. Sie denken nicht mehr in ihren eigenen unternehmerischen Vorteilen, sondern sind auf das große Ganze, auf das Gelingen des Lebens eines jeden Einzelnen fokussiert.
- Das neunte Mem stellt eine noch unbekannte Ebene dar. Aus meiner Sicht wird es die Ebene des global denkenden Ichs. Zahlen, Daten und Fakten beginnen, sich in der globalen Unschärfe aufzulösen. Evidenzbasierte Aussagen werden immer mehr verunmöglicht. Menschen fragen sich, wie sie ihren Impact in dieser Welt verstärken können.

Die Spiral-Dynamics-Spirale ist nach oben offen. Weitere Meme kennen wir jedoch noch nicht. Frage dich nun selbst, welche der folgenden Ängste für dich am stärksten spürbar ist:

- Ist es die Angst ums Überleben, weil zum Beispiel die finanziellen Mittel nicht reichen, um Miete, Energie und Lebensmittel zu bezahlen?
- Ist es die Angst, nicht gerecht behandelt zu werden, zurückgewiesen oder vom Arbeitgeber oder vom Staat ausgebeutet zu werden?
- Ist es die Angst, eine Machtposition, wie die einer Vorgesetzten, eines Vorstandes o. Ä. zu verlieren, keine Statussymbole mehr zu besitzen?
- Ist es die Angst, dass sich andere nicht an die Spielregeln halten, Gesetze oder Abmachungen verletzen oder Regeln aufgestellt werden, die zu deinem Nachteil sind?
- Ist es die Angst zu verlieren, als Versagerin oder Verlierer dazustehen und den Spott und die Häme anderer über dich ergehen lassen zu müssen?
- Oder ist es die Angst, in einem »gemeinschaftlichen Wir« doch zu deinem Selbst zu finden und nicht mehr als einer von ihnen anerkannt zu werden?

Ängste sind Zeichen von Bedrohungen, die deine Werte verletzen. Somit ist jede einzelne dieser Ängste ein Symptom eines Konfliktes. Die Antwort, diesen Konflikten zu begegnen und sie gehen zu lassen, liegt darin, sich auf die nächsten Ebenen zu bewegen:

Kämpfst du ums Überleben, dann schließe dich einer Gruppe an, wo ihr aufeinander achtgebt und füreinander Sorge tragt. Der gemeinsame Kampf, identische Feindbilder, gegenseitiges Zuhören und Erfolge, die man zusammen verbucht, verbinden. Es entsteht so etwas wie eine eingeschworene Gemeinschaft. Starke hierarchische Familienverbünde sind ebenfalls ein Beispiel für eine solche Gruppe.

Hast du Sorge, ungerecht behandelt zu werden, mache dir deine Stärken bewusst. Zeige den anderen, was du alles kannst. Stelle deine Fähigkeiten dar, hole dir Zustimmung und Anerkennung, indem du um Feedback bittest. Hebe dich bewusst von den anderen Mitgliedern des Clans ab, ohne jedoch deren gemeinsamen Geist infrage zu stellen. Zeige, dass du deine Stärken und Fähigkeiten in den Dienst der Gemeinschaft stellen möchtest. Erkläre, dass du bereit bist, alles zu tun, und dass du bereit bist, Verantwortung zu übernehmen. So wirst du, wenn dir geglaubt wird, eine Machtposition einnehmen können.

Befürchtest du, Einfluss und Macht zu verlieren, so suche dir eine Gruppe, in der starre Regeln gelten, die für dich Sinn machen. Die Einhaltung der Regeln verspricht dir Anerkennung, Zugehörigkeit, Erfolg und Belohnung. Vielleicht opferst du dich sogar dafür auf, stellst dein Engagement für die Gruppe in deinen Lebensmittelpunkt und versuchst, andere Menschen für diese Gemeinschaft zu gewinnen. Du ordnest dich diesem autoritären System unter, weil es aus deiner Sicht rechtens und richtig ist, dies zu tun.

Diese aus deiner Sicht gerechten Regeln könnten verletzt werden, sowohl von Menschen innerhalb als auch außerhalb der Gruppe. Es würde bedeuteten, dass der Sinn, den diese Regeln ergeben, verloren gehen könnte. Bereitet dies dir Sorge, so überlege, wie du genau diese Regeln und alle zulässigen Abweichungen davon zu deinem unternehmerischen Vorteil nutzen könntest. Unternehmer nutzen die Regeln bis an ihre Grenzen aus, um Gewinn zu machen, um ein besseres Leben führen zu können. Das Entwerfen von Zielen, die Entwicklung von Strategien und die Nutzung moderner Technologien stehen dabei im Vordergrund. Um Gewinn zu erzielen, werden teils beträchtliche Risiken eingegangen. Anschaffungen, Büroflächen und Maschinen sind zu finanzieren. Mitarbeitende sind zu finden, bei Laune zu halten und auf die Unternehmensziele einzuschwören. All dies bedeutet große finanzielle Verpflichtungen, wie das Zahlen von Gehältern und die Rückzahlung von Kreditraten. Diese Zahlungen sind nur dann möglich, wenn entsprechende Umsätze generiert werden können. Oft fühlt man sich jedoch den

Marktgegebenheiten, wie steigende Energiepreise und der Lieferkettenproblematik, hilflos ausgeliefert. Der Druck von außen steigt oft dermaßen an, dass rund um die Uhr gearbeitet wird, um zu verdienen.

Hast du Angst, unternehmerisch zu verlieren und als Versager abgestempelt zu werden, suche dir eine Gruppe von Menschen, die dich so annehmen, wie du bist, denen menschliche Wärme und Beziehung zueinander ein Herzensanliegen sind. Diese Gruppe gibt dir das Gefühl, einer von ihnen zu sein. Du weißt, dass es mehr im Leben gibt, als nur zu gewinnen. Das »gemeinschaftliche Wir«, das wohlwollende Miteinander, bringen dir eine völlig neue Lebensqualität. Der gemeinsame Einsatz für die Umwelt, die gemeinschaftliche Lösung der Klimakrise sowie das Wohlergehen der Menschen liegt dir am Herzen, zumindest, solange sie die gleichen Anliegen verfolgen. Die Mitglieder dieser Gruppe möchten ernst genommen werden, sie möchten Anerkennung von außen erfahren und zu einer gemeinschaftlichen Identität finden. Die oder der Einzelne tritt in den Hintergrund, ein zu großes Selbstbewusstsein und starke eigene Meinungen werden nicht gern gesehen.

Bereitet es dir Sorge, im Laufe der Zeit zu deinem Selbst zu finden und die Anerkennung in der Gruppe zu verlieren, dann bist du auf dem Weg zum siebten Mem, der ersten angstbefreiten Ebene. Du lernst, was auch immer sich in deinen Weg zu stellen scheint und dir ein Problem bereiten könnte, auch etwas Positives für dich hat. Du lernst, weniger zu bewerten, sondern in allem einen Sinn zu sehen. Du lernst, die Dinge anzuerkennen, auch wenn du nicht immer mit allem einverstanden bist. Dennoch machst du jederzeit für dich das Beste daraus.

Du siehst, die Entwicklung entlang der Spirale aufwärts ist ein dynamisches Unterfangen. Es ist ein Wechsel zwischen Ich-bezogenen und Wir-bezogenen Memen. Entwickelt man sich von einem Mem zum nächsten, so erscheint das neue

Mem die Lösung der alten Probleme zu bringen. Hast du das neue Mem durchwandert, stellen sich neue Herausforderungen, deren Lösung du im nächsten Mem erhoffst und in vielen Fällen findest. Es gibt jedoch auch eine Entwicklung entlang der Spirale in die umgekehrte Richtung, nämlich abwärts. Gibt es in deinem Leben besonders einschneidende Erlebnisse, wie Krieg, schwere Krankheit oder einen Unfall, den Verlust von geliebten Menschen und andere Schicksalsschläge, fällst du unter Umständen tief. Du fällst auf die tiefste Ebene, die du vollständig durchlebt hast. Bist du zum Beispiel als Unternehmer gescheitert, so kann es sein, dass du dich im Überlebenskampf wiederfindest. Ähnliches gilt für Angestellte nach einer unerwarteten Kündigung oder bei Konkurs ihres Arbeitgebers. In diesen Fällen gilt es, die Spirale wieder nach oben zu erklimmen, um die Ängste und damit verbundenen Konflikte gehen lassen zu können.

Warum schreibe ich so ausführlich über Spiral Dynamics und dessen Eigenheiten? Du kannst davon ausgehen, dass sich alle Menschen und ebenso Organisationen, Länder und Staaten auf einer dieser oder zwischen zwei benachbarte Bewusstseinsebenen befinden. Ihre Ängste bestimmen ihr Handeln. Ihr Handeln löst Konflikte aus. Menschen, die keinen Sinn sehen oder deren Regeln von anderen verletzt werden, gehen auf die Straße, demonstrieren und skandieren lautstark ihre Forderungen. Wir alle kennen dies aus der Covidpandemie-Zeit, wo Impfbefürworter und -gegner sich nicht mehr anders zu helfen wussten. Mitarbeitende, die sich von ihrem Arbeitgeber ausgenutzt fühlen, wenden sich an den Betriebsrat, an den »Häuptling« der Arbeitnehmervertreter. Diese kämpfen alljährlich mit den Arbeitgebervertretern um Gehaltsanpassungen, die den einen immer zu niedrig, den anderen immer zu hoch sind. Russland fühlt sich bedroht und greift die Ukraine an. Die NATO-Staaten und die EU rücken näher zusammen und setzen neue Regeln in Kraft, die wir als Wirtschaftssanktionen kennen. Es geht nicht darum, ob du mit dem Verhalten der einen oder der anderen Konfliktpartei einverstanden bist oder nicht. Es geht darum, deren Interessen zu erkennen und diese aus deren Perspektive zu verstehen, ohne notwendigerweise damit einverstanden zu sein.

Deren Perspektive zu verstehen bedeutet, auf deren Spiral-Dynamics-Ebene zu kommunizieren. Jemand, der ums Überleben kämpft, denkt und spricht wie zum Beispiel »Wie komme ich an Geld und Nahrung heran?« Jemand, der sich ungerecht behandelt fühlt, denkt und spricht etwa: »Die anderen sind an meiner Misere schuld. Ich kann nichts dafür.« Jemand, der sich mächtig fühlt, denkt und spricht beispielsweise: »Denen werde ich zeigen, dass ich hier der Stärkste bin.« Jemand, der in Regeln seinen Sinn findet, denkt und spricht zum Beispiel: »Unsere Regeln sind zu befolgen. Alle, die sich nicht daran halten, sind zu verdammen.« Jemand, der unternehmerisch unterwegs ist, denkt und spricht zum Beispiel: »Was sind meine Ziele, wie kann ich diese erreichen, welche Risiken gehe ich ein, schaffe ich das?« Jemand, dem das »gemeinschaftliche Wir« ein Herzensanliegen ist, denkt und spricht etwa: »Wie können wir Anerkennung für unsere Vorhaben bekommen?« Jemand, der das erste angstbefreite Mem erreicht hat, denkt und spricht zum Beispiel: »Wie kann ich die aktuelle Situation zum Gelingen meines Lebens nutzen?«

> *Streit und Konflikte lassen sich am besten auf Augenhöhe lösen.*

Das bedeutet, den Konfliktpartnern auf Augenhöhe zu begegnen, indem du deren Denkweise, deren Mem, einnimmst. Nur aus deren Perspektive wirst du verstehen. Nur wenn du aus deren Perspektive sprichst, wirst du verstanden werden. Ist ein Konflikt jedoch schon so weit fortgeschritten, dass die Konfliktpartner nicht mehr miteinander reden können oder wollen, spätestens dann ist externe Unterstützung, wie Moderation, Mediation oder gerichtliche Entscheidung gefragt (siehe auch Friedrich Glasl: Konfliktmanagement; S. 243). Bei Konflikten zwischen größeren Gruppen, wie Interessensvertretungen, politischen Partein oder Systemen, mit oder ohne gewalttätigen Auseinandersetzungen, ist es auf jeden Fall empfehlenswert, einen Spiral-Dynamics-Experten einzubinden.

Vielleicht stellst du dir die Frage: »Soll ich Konflikte besser austragen oder weiter alles runterschlucken?« Viele Menschen haben die Befürchtung, dass alles nur noch schlimmer wird, wenn sie ihren Konflikt ansprechen. Deswegen bleiben sie lieber still und leiden. Wie du einen Konflikt ansprechen kannst, darüber unterhalten wir uns in den nächsten Kapiteln. Denke stets daran, das Austragen von Konflikten ist für deine Gesundheit viel besser, als innerlich zu verzweifeln.

Erinnere dich, dass alle deine Wahrnehmungen, Überzeugungen, Werte, Einstellungen, Entscheidungen und deren Bewertungen im Museum deiner Erinnerungen abgespeichert sind. Ebenso findest du dort deine Verhaltensweisen, wie Worte und Taten, deine Physiologie und deine körperlichen Symptome. Dies alles dient zur Erfüllung der Kriterien deiner Werte, der Dinge, die dir in deinem Leben wichtig sind. Fühlst du die Erfüllung deiner Werte bedroht, bricht die Ängstlichkeit hervor. Sie verringert deine Denkleistung dramatisch, gute Ideen bleiben im Zustand der Angst die Ausnahme. Deine selektive Wahrnehmung auf die Dinge, die dir wichtig sind, nimmt zu. Alles andere wird ausgeblendet. Dazu kommen kognitive Verzerrungen, Denkfehler, die dir unterlaufen.

Kognitive Denkfehler und Wahrnehmungsverzerrungen kennst du vielleicht, wenn Menschen leicht alkoholisiert sind. Sie nehmen die Umwelt anders wahr, als wenn sie nüchtern sind. Bei Menschen mit Ängsten ist es ähnlich, ihre Wahrnehmungs- und Entscheidungsfähigkeit ist beeinträchtigt. Eine dieser über 50 bekannten Verzerrungen ist der Selbstüberschätzungseffekt: Menschen neigen dazu, ihre eigenen Fähigkeiten zu überschätzen. Ein anderer ist der HORN-Effekt: Menschen, die ein negatives Merkmal aufzeigen, werden insgesamt als schlecht wahrgenommen. Oder der Kontrasteffekt: Ein Objekt erscheint schwerer, wenn es mit einem leichteren verglichen wird. Der Bestätigungsfehlereffekt: Darunter versteht man die Neigung, Informationen so zu ermitteln, auszuwählen und zu interpretieren, dass sie den eigenen Erwartungen entsprechen. Ein weiterer ist der Verzerrungsblindheits-Effekt: Eigen- und Fremdbild von Menschen sind immer unterschiedlich. »Das kann mir nicht passieren«, ist ein beliebter Denkfehler. Menschen zeigen die Tendenz, sich für unbeeinflussbar zu halten. Man glaubt, man sei völlig frei von äußeren Beeinflussungen und das Phänomen der Beeinflussbarkeit treffe nur auf andere zu. Die eigene Betroffenheit entgeht der eigenen Wahrnehmung, deswegen wird dieser Effekt auch Blind-Spot-Effekt genannt. Der eigene blinde Fleck begleitet uns unentwegt, ohne dass wir uns dessen bewusst sind.

Kommt es durch diese Denkmuster zur geistigen Überforderung, passiert es, dass Wahrnehmungen und Beobachtungen, die du bei dir und bei deinem Konfliktpartner machst, nicht mehr in dein Museum der Erinnerungen einordnen kannst. Panik und Handlungsunfähigkeit sind die Folge.

»Überschätze dich nicht selbst und verdamme den anderen nicht aufgrund seiner schlechten Eigenschaften, sondern suche das Gespräch, dir zuliebe.

Arbeite daran, die Interessen und Absichten des anderen zu erkunden, seinen Standpunkt nachzuvollziehen, seine Ängste zu erkennen, seine Handlungen wahrzunehmen, ohne damit einverstanden sein zu müssen. Das ist die Basis dafür, dich ruhig und sachlich durchzusetzen.

Liebe ist kein Gefühl, sondern eine Entscheidung

Wie kannst du erwarten, dass andere dich lieben, wenn du dich selbst nicht liebst? Diese Frage stellen sich viel zu wenige Menschen. Sie erwarten, dass sie von anderen geliebt werden, oder sie glauben, es nicht wert zu sein, vorbehaltlose Liebe zu erfahren. Doch nur wer sich selbst liebt und anderen Menschen Liebe entgegenbringt, kann in Konfliktsituationen bestehen und aus diesen sogar gestärkt hervorgehen. Darum erscheint es mir erforderlich, sich näher mit der »Liebe« auseinanderzusetzen. Ich behaupte, dass Liebe kein Gefühl ist, sondern eine Entscheidung, die du bewusst treffen kannst. Wie komme ich darauf, und was bedeutet es für dich? Dieser Frage gehen wir in diesem Kapitel nach, und wir finden eine möglicherweise überraschende Antwort für dich. Dann lass uns beginnen.

Viele Menschen gehen sehr nachteilig mit sich um, nämlich so, wie mit ihnen umgegangen wurde, als sie noch Kind oder jung waren: als Opfer der Umstände. Als Opfer fühlt man sich immer schwach und ausgeliefert. Sie sind der festen Überzeugung, von anderen abhängig zu sein. Ihre Erfahrungen geben ihnen recht. Denn als Opfer geben sie die Macht über sich an andere ab, nämlich an die Umstände oder an die Täter, die diese Umstände herbeigeführt haben. Opfer zu sein, kann andererseits auch sehr bequem sein. »Ich kann ja nichts dafür«, sagen sich viele, und »Ich kann auch nichts ändern«. Eine gewisse Lethargie macht sich breit. Jemand, der sich als Opfer fühlt, ist leichter manipulierbar. Es brauchen nur die Umstände geändert zu werden, die Rahmenbedingungen und Regeln in einer Gruppe und wie miteinander umgegangen werden soll. Opfer nehmen dies, auch wenn nicht immer wohlwollend, zur Kenntnis. Andere Möglichkeiten sehen sie kaum. Vielleicht mal ein kleiner Aufstand oder ein Streik, der von einem Rädelsführer angezettelt wird. Mit Druck durch Drohung weiterer Arbeitsniederlegungen wird meist ein Kompromiss getroffen, der einige Zeit hält. Ähnlich verhält es sich mit Gewaltopfern in Beziehungen. Sie verlassen die Beziehung nicht, sie hoffen auf eine Besserung der Umstände, die ihnen der Täter oder die Täterin immer wieder versprochen hat. Selbst die Umstände zu verändern, die Beziehung zu beenden, trauen sie sich oft aufgrund ihres schwachen, verletzten Selbstwertgefühls nicht, denn sie wissen nicht, was sie außerhalb der Beziehung erwartet, und das macht sie ängstlich und unsicher.

Opferschutz und Gewaltprävention sind ebenfalls Maßnahmen, die aus einem Opferverständnis herrühren. Opfer müssen geschützt werden, da sie wehrlos sind. Gewalt an Opfern muss verhindert werden, da sie sich nicht selbst wehren können. Doch stimmt das wirklich? Ist es so, dass Opfer grundsätzlich Hilfe von außen benötigen, oder ist es so, dass ihre eigene Überzeugung, ein Opfer zu sein, sie in diese missliche Lage bringt? Ist es möglich, dass sich jemand aus der Opferrolle befreit? Wenn ja, wie wäre das möglich?

Eines möchte ich gleich zu Beginn klarstellen: Gewalt ist immer die schlechteste Form von Kommunikation. Gewalt ist niemals zu billigen, gutzuheißen oder zu unterstützen. Gewalt ist immer ein Verstoß gegen die Freiheit der anderen Person. Gewalt muss immer geahndet werden und darf niemals hingenommen werden. Taucht eine Form von Gewalt auf, ist es immer erforderlich, sich zu wehren. Gewalt stellt immer eine Bedrohung für die andere Person dar. Gewalt ist ein Symptom für einen Konflikt.

Gewalt ist, wie bereits gesagt, eine Form der Kommunikation, meist der nonverbalen Kommunikation. Das bedeutet, Täter und Opfer treten in Kontakt. Das bedeutet, beide Parteien zeigen ein bestimmtes Verhalten, sie kommunizieren. Seit Paul Watzlawick wissen wir, dass wir nicht *nicht* kommunizieren können. Verfolgen wir diesen Gedanken weiter, so bedeutet dies, dass sowohl Täter als auch Opfer einen Beitrag zur gewaltsamen Kommunikation leisten. Das entschuldigt nicht das Verhalten des Täters. Gehen wir jedoch davon aus, dass das Opfer nicht Opfer ist, sondern eine Art »Mittäter«, geben wir dem »Opfer« die Möglichkeit, ein Verhalten an den Tag zu legen, dass es dem »Täter« verunmöglicht, gewalttätig zu sein. Zeigt das »Opfer« ein gewisses Maß an Selbstbewusstsein, Stärke und Mut, wird es für den »Täter« bald uninteressant, tätig zu werden.

Jetzt könnte man entgegenhalten und einwerfen, dass man sich als Opfer nicht vollständig wehren kann, zum Beispiel, wenn man sich an einen gefährlichen Ort begeben hat, ohne dies vorher zu wissen. Jedoch auch in diesem Fall hat das »Opfer« sich in die Situation gebracht und sich dem Täter ausgeliefert. Entschuldigt dies das Verhalten des Täters? Natürlich nicht, auf keinen Fall! Es gibt jedoch dem Opfer die Möglichkeit, mit der Erfahrung anders umzugehen und daraus zu lernen. Erstens, den eigenen Selbstwert zu steigern, an der eigenen körperlichen Wehrhaftigkeit zu arbeiten und vorab zu evaluieren, wohin man sich begibt. Menschen, die sich selbst lieben, sind dazu viel besser in der Lage. Sie übernehmen die Verantwortung für ihr Handeln, auch wenn sie mit den erfahrenen Konsequenzen nicht einverstanden sind, auch wenn sie ihnen selbst Schaden zugefügt haben.

Wie kann man Selbstliebe lernen? Wie kann man sich für Liebe entscheiden?

Schauen wir uns nochmals an, was wir uns bereits hinsichtlich von Werten und Kriterien überlegt haben. Du weißt, dass Menschen unterschiedliche Lebensbereiche haben. Diese sind unter anderem Familie, Arbeit und Beruf, Freunde, Hobbys und Freizeit, Gesundheit und Sport, persönliche Entwicklung und eventuell Spiritualität. In jedem dieser Lebensbereiche sind uns unterschiedliche Dinge wichtig. Aus den Coachingsitzungen mit meinen Klienten und Klientinnen weiß ich, dass vielen Menschen im beruflichen Umfeld die Werte Anerkennung, Leistung, Fairness, Geld, Weiterbildung, Fortkommen sehr wichtig sind. Betrachten wir den Lebensbereich Gesundheit, so werden oft Wohlbefinden, Beweglichkeit, Ausdauer, Leichtigkeit, Kraft oder Idealgewicht genannt. Im Lebensbereich Familie kommen andere Werte zum Tragen. Es sind dies zum Beispiel Ehrlichkeit, Zärtlichkeit, Liebe, Nähe, Wohlwollen, Verständnis und Zuhören. Wenn es um den Lebensbereich Spiritualität geht, bekomme ich Antworten wie Liebe, Selbstliebe, Sinn, Freude, Ruhe und Gelassenheit. Du bemerkst, die genannten Werte können sehr unterschiedlich sein. Sie sind von Mensch zu Mensch verschieden, und auch die Reihenfolge der Wichtigkeit der Werte ist immer unterschiedlich. Doch Werte an sich sagen noch nicht viel aus, denn die dahinterliegende Bedeutung ist individuell.

Was Menschen motiviert, etwas zu tun, ist die Erwartungshaltung in die Erfüllung ihrer Werte.

Jedes Verhalten, das jemand an den Tag legt, dient zur Erfüllung zumindest eines eigenen Werts, ohne dass dieser Wert der Person bewusst sein muss. Werte sind meist sehr unbewusst, und dennoch von großer Bedeutung. Mit jedem Verhalten ist tatsächlich jedes Verhalten gemeint. Egal, ob sich jemand freundlich verhält oder nicht, zuvorkommend, hilfsbereit, verärgert, ängstlich oder traurig, fühlt, ob sich jemand einer Demonstration anschließt, eine Verhandlung führt, ein Streitgespräch hat oder liebevoll zu seiner Partnerin, seinem Partner und seinen Kindern ist: Dahinter verbirgt sich die Erfüllung der eigenen Werte. Von einem Wert Anerkennung, Zuneigung, Freude oder Liebe zu sprechen, greift daher zu kurz. Wir müssen uns überlegen, unter welchen Umständen der jeweilige Wert erfüllt ist. Was muss jemand erleben, wahrnehmen oder tun, damit der entsprechende Wert befriedigt ist? Welche Kriterien sind an welche Werte anzulegen, um zweifelsfrei erkennen zu können, der Wert sei befriedigt? Genau um diese Kriterien geht es in Wahrheit.

Die meisten Menschen erklären mir, wenn ich sie etwa nach dem Kriterium ihres Werts »Anerkennung« frage, was ich mit dieser Frage meine. Ich sage dann: »Wie erkennst du, dass dein Wert Anerkennung erfüllt ist? Was musst du oder jemand anderer tun, damit dies der Fall ist?« Die häufigste Antwort lautet: »Anerkennung ist dann erfüllt, wenn jemand anderer zu mir sagt, ich hätte etwas gut gemacht. Dann fühle ich mich anerkannt.« Ich höre sehr aufmerksam zu und merke an: »Dann bist du Opfer« und blicke in erschrockene, ungläubige Augen. »Warum bin ich dann Opfer?«, höre ich sie sagen. »Warum ist das so?« »Ganz einfach, weil du die Erfüllung deines wichtigen Werts Anerkennung vom Verhalten einer anderen Person abhängig machst. Abhängig zu sein bedeutet, Opfer zu sein. Wenn die andere Person dir nicht sagt, dass du etwas gut gemacht hast, und das wird vermutlich immer wieder der Fall sein, dann fühlst du dich unwohl, weil dein Wert nicht erfüllt wird.« Das ist für die meisten ein großes Aha-Erlebnis. »Ja«, sagen sie, »das stimmt.«

Wenn das Kriterium eines Wertes so definiert ist, dass jemand anderer etwas dafür tun muss, damit es mir gut geht, bin ich vom Verhalten der anderen Person abhängig.

Zeigt diese das von mir gewünschte Verhalten zu selten oder gar nicht, beginne ich irgendwann, dieses Verhalten einzufordern. Das geht so weit, dass Menschen in Unternehmen Forderungskataloge aufstellen, wie sie von ihren Vorgesetzten gelobt und anerkannt werden wollen. Die eigene Unzulänglichkeit wird an andere delegiert. Der Vorgesetzte hat vielleicht ebenfalls eine Abhängigkeitsvermutung diesen seinen Mitarbeitenden gegenüber, die lautet, ich finde niemand anderen und muss froh sein, dass ich sie habe. Abhängigkeit in beide Richtungen: Die einen fordern Anerkennung ein, der andere fürchtet, keine anderen zu finden. Abhängigkeit führt immer zum Einfordern eines bestimmten Verhaltens anderer Personen. Das gilt im Berufsleben genauso wie in privaten Beziehungen: Der oder die andere muss etwas tun, damit es mir gut geht. Eine Zeitlang kann man das aushalten, wenn die Beziehung noch frisch ist, das Magische des Neuen noch präsent und die Brille rosarot ist. Auf Dauer wird es sehr mühsam, und Konflikte sind vorprogrammiert, findet das eingeforderte Verhalten nicht mehr statt, wird der wichtige Wert, Anerkennung in unserem Fall, nicht mehr erfüllt. Keine Anerkennung zu erhalten, wird aufgrund des eigenen Kriteriums »Anerkennung ist dann erfüllt, wenn jemand anderer zu mir sagt, ich hätte etwas gut gemacht. Dann fühle ich mich anerkannt« auf Dauer als bedrohlich wahrgenommen. »Wie soll ich mit dieser Bedrohung umgehen?« ist die Frage, die sich Menschen in dieser Situation stellen. Ein innerer Konflikt ist die Folge.

Als Abhängigkeit formulierten Wertekriterien begegne ich jeden Tag. Glücklich sein wird für diese Menschen unmöglich. Muss doch praktisch andauernd jemand anderer etwas Bestimmtes tun, damit die Person sich gut fühlt. Noch dazu etwas, das weder der Person selbst noch der Umgebung bekannt ist. Wertekriterien sind genauso unbewusst wie Werte selbst, und dennoch drücken sich beide in unserem Verhalten omnipräsent aus.

Wie kann ein Wertekriterium nun so formuliert werden, dass es unabhängig vom Verhalten anderer Menschen ist? Bleiben wir beim Wert Anerkennung. Das Kriterium für den Wert Anerkennung könnte lauten: »Ich anerkenne mich selbst, bin wohlwollend-kritisch gegenüber meinen Ergebnissen und hole mir regelmäßig Feedback ein.« Die Erfüllung dieses Kriteriums ist durch die Person selbst jederzeit vollkommen umsetzbar. Niemand anderer muss etwas tun oder unternehmen. Selbst wenn Feedback eingeholt wird, dieses jedoch nicht brauchbar ist, stellt dies kein Problem dar. Einfach ein weiteres Feedback einholen. Das Kriterium des Werts Anerkennung lässt sich in dieser Form praxistauglich einmal pro Woche durchführen, das Einholen von Feedback vielleicht alle zwei bis drei Wochen. Natürlich nehmen sie Anerkennung anderer gerne entgegen, sind darauf jedoch nicht angewiesen.

> *Menschen, die ihre Wertekriterien generell so definiert haben, dass sie sie selbst jederzeit erfüllen können, sind unabhängig, sie sind frei.*

Hier einige Beispiele aus meinen Coachingssitzungen, wie Klienten und Klientinnen die Kriterien ihrer Werte neu definiert haben:

- *Pünktlichkeit:* Ich stelle mir den Wecker zeitgerecht und mache alles in Ruhe.
- *Stabilität:* Ich halte mich an meine Abläufe.
- *Struktur:* Ich halte meine Ordnung ein. Ich achte auf meine Kleidung und habe Freude an den Farben.

- *Hygiene:* Ich wasche meine Hände, betreibe Fußpflege, Körperpflege, gehe regelmäßig zum Friseur und reinige die Wohnung.
- *Zuhören:* Ich nehme mir immer Zeit, wenn jemand mit mir etwas besprechen möchte, und behalte die Anliegen für mich.
- *Herausforderung:* Ich suche in allem die Möglichkeit, Neues zu lernen.
- *Leichtigkeit:* Ich halte meine Augen offen und ergreife Chancen, die vor mir liegen.
- *Interesse:* Ich erforsche die Zusammenhänge in meinem beruflichen Kontext.
- *Sinnhaftigkeit:* Ich ergründe den Zusammenhang zwischen meinem Handeln und meinem Ergebnis.
- *Interaktion/Gemeinschaft/Austausch:* Ich nutze die Erfahrungen und Herangehensweisen anderer.
- *Gestaltungsmöglichkeit:* Ich überlege den geeigneten Weg, um ans Ziel zu kommen und berücksichtige Alternativen.
- *Kooperation:* Ich biete Wahlmöglichkeiten an und nehme für mich umsetzbare Angebote dankend an.
- *Liebe/Innigkeit zum gemeinsamen Kind:* Ich schaue auf die Stärken und mache die Schwächen bedeutungslos.
- *Respekt:* Ich anerkenne andere Meinungen und gehe davon aus, dass jeder jederzeit nach seinen besten Möglichkeiten handelt.
- *Geborgenheit:* Ich gebe mir selbst und allen anderen Raum.
- *Sicherheit, gegenseitige Unterstützung:* Ich gebe Hilfe, wenn sie gebraucht wird, egal, was es ist.
- *Zeit miteinander:* Ich schaffe Zeit, die ich anbiete.
- *Wertschätzung:* Ich schätze die Stärken und mache die Schwächen bedeutungslos.
- *Vertrautheit:* Ich kann das Verhalten anderer gut einschätzen.

- *Austausch von Sichtweisen und Meinungen:* Ich lasse andere Sichtweisen zu und höre genau hin.
- *Freude:* Ich habe Spaß an dem, was ich tue. Ich fühle mich wohl mit dem, was ich tue.
- *Vertrauen:* Ich behalte Dinge dort, wo sie hingehören.
- *Zuverlässigkeit:* Ich halte mich an Zusagen.
- *Miteinander reden:* Ich bleibe in Kommunikation mit allen.

Du siehst, alle genannten Werte sind mit Kriterien versehen, die die Person stets zu jeder Zeit selbst erfüllen kann, und zwar ohne großen Aufwand. Eine einfache Möglichkeit ist es, einen Plan zu erstellen, an welchen Tagen welche Werte erfüllt werden sollen.

Es gibt noch weitere Vorteile, wenn du deine Werte selbst erfüllen kannst:

Du wirst immer mehr Menschen kennenlernen, die sich ihre Werte ebenfalls selbst erfüllen können. Ganz einfach deswegen, weil sich die dadurch gewonnene Unabhängigkeit in deinem Verhalten spiegelt. Menschen, die dir ähnlich sind, suchen deine Nähe und du die ihrige. Während du vielleicht früher noch Menschen kennengelernt hast, die in Abhängigkeiten dachten, findest du jetzt jene, die unabhängig sind. Bei der Erfüllung der Werte kann man sich selbstverständlich gegenseitig unterstützen. Das macht eine gelungene Kooperation aus. So entstehen starke Partnerschaften und belastbare Teams. Doch jeder weiß, es geht auch allein, aber gemeinsam geht es noch besser.

Der zweite Vorteil ist dein gesteigertes Selbstwertgefühl. Du bist anderen Meinungen und unwirtlichen Umgebungen gegenüber wesentlich widerstandsfähiger. Meinungen anderer kannst du als deren Ansichten anerkennen, ohne damit einverstanden sein zu müssen. Es ist dir vielleicht sogar eine willkommene Gelegenheit, mehr darüber zu erfahren, wie dein Gegenüber auf seine Meinung kommt. Es macht dir

Freude, das Museum der Erinnerungen der anderen Person zu erkunden und etwas über deren Gedankengänge und Denkmuster zu erfahren. Wie dies im Detail funktioniert, liest du in meinem Buch »Die besondere Kraft der achtsamen Sprache – Wie wir reden, bestimmt unser Leben«.

Ein hohes Selbstwertgefühl bedeutet nichts anderes, als jeden seiner Werte selbst erfüllen zu können. Es ist mir bewusst, das ist ein hohes Ziel, ein attraktives Ziel. Hoher Selbstwert bedeutet hohe Resilienz. Du bist immun gegen Angriffe und Anfeindungen von außen. Du siehst dich nicht mehr als Opfer, sondern übernimmst Verantwortung für dein Verhalten, auch und gerade dann, wenn es dich in eine missliche Lage gebracht hat. Du kannst vermeintliche Konflikte gehen lassen und schaffst Lösungen.

Damit dies gut funktioniert, ist es erforderlich, dass dein möglicherweise höchster Wert, nämlich »Liebe«, ebenfalls von dir selbst erfüllt werden kann. Jetzt fragst du dich vielleicht, ob ich das ernst meine. Wie sollte ich Liebe selbst erfüllen? Liebe ist eine Bezeichnung für ein Gefühl starker Zuneigung und inniger Verbundenheit. Doch als Kriterium ist diese Definition zu wenig. Die meisten Menschen meinen mit Liebe, wenn sich ein anderer Mensch tief mit ihnen verbunden fühlt, wenn sie von ihm oder ihr geliebt werden. Sie warten darauf, oft vergeblich, dass sich ein Gefühl von Liebe auch bei ihnen einstellt. Du weißt bereits, diese Formulierung suggeriert Abhängigkeit: Jemand anderer muss etwas machen und Liebe muss sich von selbst einstellen. Manche Menschen warten darauf ihr ganzes unglückliches Leben lang. Ein Kriterium zur Erfüllung des Werts »Liebe« könnte doch auch so lauten: »Ich nehme mich und die Menschen in meiner Umgebung bedingungslos an. Zu meinen Familienmitgliedern stelle ich eine innige Verbindung her und halte diese aufrecht.« Es ist deine Entscheidung, das Kriterium für Liebe in dieser oder ähnlicher Form zu definieren. Hast du dies für dich entschieden, dann ist das Gefühl der Liebe, das sich in dir ausbreitet, deine bewusste Entscheidung.

Mit dieser Entscheidung hast du die höchste Form von Selbstwert erreicht. Mit Liebe wirst du dich bei Konflikten jederzeit ruhig und sachlich durchsetzen, vorausgesetzt, du hast dann noch Konflikte.

Es muss nicht immer kämpfen sein

Die meisten Bücher über Konflikte, die ich gelesen habe, wollen Konflikten vorbeugen, sie erkennen und lösen, und tragen im Titel der Begriff »Konfliktmanagement«. Der in diesen Büchern vermittelte wissenschaftliche Ansatz macht Sinn, wenn man die Ursachen von Konflikten verstehen, sie typisieren und in Kategorien einordnen will. Das ist ein wesentliches Merkmal wissenschaftlicher Arbeit. Die Ursachen zu verstehen, löst jedoch noch keinen Konflikt. Es erleichtert vielleicht das Management und liefert Erklärungen, der Konflikt jedoch bleibt. Es entsteht der Eindruck, als würde man gegen etwas kämpfen und es besiegen wollen. Es muss jedoch nicht immer kämpfen sein, wir können Konflikte auch einfach gehen lassen. Wie, darum geht es in diesem Kapitel.

Für die Lösung von Konflikten muss man deren Ursache nicht unbedingt verstehen! Ursachenforschung, die Beschäftigung mit dem Konflikt an sich, verstärkt das Problem. Je mehr der Fokus auf etwas gerichtet wird, desto mehr Energie fließt dorthin. Von Albert Einstein wissen wir, dass Probleme niemals auf der Ebene gelöst werden können, auf der sie entstanden sind, sondern immer nur auf einer höheren, darüberliegenden Ebene.

Bei Konflikten geht es immer um Menschen. Wie du bereits weißt, ist jeder Konflikt ein innerer Konflikt, der sich durch äußere Symptome bemerkbar macht. Diese Symptome sind unter anderem lautstarke Auseinandersetzungen, Streit und womöglich Gewalt. In Wirklichkeit geht es stets um die beteiligten Menschen. Sie fühlen sich in der Erfüllung ihrer Werte bedroht, da ihre Umgebung ein für sie subjektiv empfundenes, gefährdendes Verhalten zeigt. Sich gefährdet zu fühlen, ist der innere Konflikt, nicht genau zu wissen, was man als Nächstes tun sollte, um der vermeintlichen Bedrohung zu entgehen.

Als Beispiel denke ich an einen Nachbarn, der dir einen Teil deines Grundstücks streitig machen möchte, zu Recht oder auch nicht, sei zunächst dahingestellt. Lautet dein Kriterium für den Wert »gute Nachbarschaft«, dass der Nachbar friedlich ist, dann ist dieser Wert jetzt gefährdet, du fühlst dich bedroht. »Was soll ich machen, ihn anbrüllen oder anzeigen?«, geht dir durch den Kopf. Hast du jedoch ein anderes Kriterium für »gute Nachbarschaft«, nämlich eines, das du selbst erfüllen kannst, wie zum Beispiel »Ich bin meinem Nachbarn gegenüber stets friedlich und wohlwollend gesinnt«, ändert sich die vermeintliche Bedrohung in eine sachliche Auseinandersetzung. Jetzt bist du in der Lage, ein Gespräch zu führen, dass auf Fakten und Tatsachen beruht. Natürlich ist die Situation nicht angenehm, du kannst jedoch klar denken, die Interessen deines Gegenübers herausfinden, und dir fachliche Unterstützung, zum Beispiel die eines Landvermessers einholen.

Du siehst mehrere Vorteile: Mit jemanden zu streiten, der darauf emotional nicht einsteigt, ist eher uninteressant. Die Interessen des Nachbarn zu ergründen, schafft dir neue Möglichkeiten in deiner sachlichen Argumentation. Kennst du seine Interessen, dann kannst du sie mit deinen Interessen abgleichen und eine Lösung skizzieren, die euer beider Neigungen befriedigt. Wird es dennoch erforderlich, eine Mediation oder ein gerichtliches Verfahren einzuleiten, bist du mit deiner ruhigen und sachlichen Darstellung der Umstände stets besser dran.

» *Jedes Konfliktthema lässt sich in Vier-Fragen-Bereiche unterteilen: der Warum-, der Was-, der Wie- und der Wozu-Frage.*

Diese vier Fragen haben wir indirekt bereits behandelt, es macht jedoch Sinn, sich genauer damit zu beschäftigen. Das »Warum« fragt nach den Gründen, nach den Ursachen des Konfliktes. Das »Was« fragt nach dem Inhalt des Konflikts, um was es geht. Das »Wie« fragt nach dem Weg, wie eine Lösung aussehen könnte. Das »Wozu« fragt nach den Interessen, um die es den Konfliktpartnern in Wirklichkeit geht, es beschreibt die dahinterliegenden Anliegen.

Menschen neigen in schwierigen Situationen dazu, nach dem Grund zu fragen. Ist etwas nicht, wie sie es sich vorstellen, fragen sie »Warum?« Das Warum sucht nach Begründungen und möchte die Ursachen verstehen. Die Antworten auf Warum-Fragen sind meist Rechtfertigungen. Wer seine Kinder schon einmal danach gefragt hat, warum sie ihr Zimmer nicht aufgeräumt haben, hat meist eine Antwort in Form einer Rechtfertigung erhalten: »Ich hatte keine Zeit.« »Ich musste für die Schule lernen.« Oder: »Was du immer von mir willst.« Für den Elternteil kann das unordentliche Zimmer des Kindes einen Konflikt mit dem eigenen Wert »Ordentlichkeit« darstellen, deshalb die Warum-Frage. Die Antworten sind jedoch nicht hilfreich, sondern schüren im Gegenteil das Eskalationspotenzial. Warum-Antworten führen zu weiteren Warum-Fragen, wie zum Beispiel: »Warum hast du nicht eher für die Schule gelernt?« Die mögliche Antwort: »Weil ich was anderes zu tun hatte.« Die nächste Frage: »Warum kannst du dir deine Zeit noch immer nicht einteilen?« usw. Ein Streit scheint vorprogrammiert zu sein, ein Konflikt mit dem Kind nicht unwahrscheinlich. Dabei ist das unaufgeräumte Zimmer bloß ein innerer Konflikt der Eltern, der in deren Sichtweise nur durch ein bestimmtes Verhalten des Kindes gelöst werden kann. Warum-Fragen helfen an dieser Stelle nicht weiter, da die Antworten in Form von Rechtfertigungen gegeben werden und der wahre Grund, in unserem Fall die Verletzung eines Wertekriteriums der Eltern, nicht aufgedeckt werden kann.

Die Frage nach dem Was – »Was ist das Problem?« – fragt nach dem Konfliktgegenstand. In unserem Beispiel des unaufgeräumten Kinderzimmers ist der Konfliktgegenstand die von den Eltern wahrgenommene Unordnung. Die Unordnung löst bei den Eltern eine Erinnerung aus, die mit dem Wert »Ordentlichkeit« verknüpft ist, und wo die Wahrnehmung, wie Spielsachen und Kleidung im Zimmer verteilt sind, als unordentlich bewertet wird. Genau genommen ist der Konfliktgegenstand nicht die Unordnung an sich, sondern die Bewertung der Wahrnehmung durch die Eltern, die ihrer Wahrnehmung das Adjektiv »unordentlich« geben. Eine Bewertung, die vermutlich ausschließlich beim Beobachter, bei den Eltern stattfindet.

Eine in unserem Sprachgebrauch eher ungewohnte Frage ist die Wie-Frage. Sie könnte in unserem Beispiel lauten: »Wie geht es dir in diesem Zimmer, das aus meiner Sicht doch einen eher unaufgeräumten Eindruck macht?« Die Wie-Frage fragt nach dem Befinden des Kindes. Meine Kinder würden antworten, dass das für sie kein Problem sei, sie wüssten, wo was läge und würden sich in ihrem Zimmer wohlfühlen. Für Eltern eine interessante Erkenntnis, denn sie spiegelt, dass das Problem eben nicht beim Kind liegt, sondern bei ihnen selbst. Eltern könnten auf die Antwort des Kindes reagieren, indem sie selbst eine Wie-Antwort geben, obwohl die Wie-Frage vom Kind nicht gestellt wurde: »Mir würde es besser gehen, wenn dein Zimmer aufgeräumt wäre.« Aus eigener Erfahrung weiß ich, dass die Aussage »Mir würde es besser gehen, wenn ...« Wunder wirken kann. Kinder haben normalerweise ein Interesse daran, dass es den eigenen Eltern gut geht. Die Wie-Frage fragt nach dem Befinden, eine Antwort auf eine nicht explizit gestellte Wie-Frage beschreibt das Empfinden. Eltern könnten in diesem Zusammenhang eine weitere Wie-Frage stellen, nämlich: »Wie kann ich dir helfen?« Möglicherweise werden dadurch Probleme des Kindes beim Aufräumen sichtbar.

Die vierte Frage ist die Wozu-Frage, die Frage nach der Absicht, nach dem dahinterliegenden Interesse. Wie wir bereits erläutert haben, hat das Kind kein Problem mit der Unordnung. Das Problem liegt in unserem Fall eindeutig bei den Eltern. Das Interesse der Eltern ist es, den eigenen Wert »Ordentlichkeit« mit dem Kriterium »Mein Kind hat sein Zimmer gründlich aufgeräumt« erfüllt zu haben. Sie übersehen dabei allerdings, dass das die Erfüllung des Kriteriums vom Verhalten anderer Personen, nämlich des Kindes, abhängig gemacht wird, was nicht sehr schlau ist. Das eigene Wohlbefinden vom Verhalten des Kindes abhängig zu machen, wird sich bald rächen, denn Kindern geht es nur dann gut, wenn es den Eltern gut geht. Die Wozu-Frage sollten sich die Eltern somit selbst stellen, wenn sie mit einer Situation konfrontiert sind, die sie als negativ bewerten.

Bleiben wir bei unseren Konfliktlösungsversuchen ausschließlich bei der Warum- und bei der Was-Frage, dann wird Kämpfen unausweichlich sein. Die Warum-Frage liefert nur bei wissenschaftlichem Vorgehen valide Antworten. Das Leben ist jedoch weder wissenschaftlich noch objektiv. Das Leben ist subjektiv, es sind immer Menschen mit ihren Werten und Wahrnehmungen im Spiel, und das Museum der Erinnerungen ist für jeden Menschen einzigartig. Rechtfertigungen führen zu gegenseitigen Vorwürfen. Zur Frage »Was ist das Problem?« kommt es gar nicht mehr, da die Beteiligten in gegenseitigen Anschuldigungen zu ersticken drohen.

Ohne professionelle Betreuung wird es schwierig, eine gute und ehrliche Lösung zu finden. Ich glaube, dass dies auch der Grund ist, warum viele Menschen Konflikte lieber ertragen als austragen, da sie spüren, mit ihrem oft einzigen Werkzeug der Warum-Frage nicht weit zu kommen und die Situation womöglich noch verschlimmern.

Manche gehen auch in den Kampf, um ihre Interessen mit Gewalt durchzusetzen, ohne dass diese jemals geäußert werden. Die unzähligen einschlägigen Gerichtsverfahren zeugen davon. Es geht um Beweise, wer wann was falsch gemacht hat, sich unrechtmäßig verhalten hat und wie die aktuelle Gesetzeslage zum Vorteil desjenigen, der den besseren Anwalt hat, genutzt werden kann. Professionelle Mediation hingegen kann bei Gutmütigkeit und echtem Interesse der Konfliktparteien an einer Lösung eine wertvolle Hilfestellung sein.

» Mediation ist ein Verfahren, ohne Kampf eine zufriedenstellende Lösung zu finden.

Wir kennen jedoch noch weitere Möglichkeiten, die ohne Zuhilfenahme einer externen Person gewählt werden können. Voraussetzung ist das ernsthafte Interesse an einer guten Lösung, verbunden mit der Bereitschaft, mit dem Konfliktpartner oder der Konfliktpartnerin zu sprechen.

Konflikte sind mentale Verletzungen, nämlich Verletzungen der Kriterien eigener Werte. Das verursacht mentale und oftmals auch körperliche Schmerzen. Die meisten Alltagskonflikte, und um die geht es hier, könnten unter den vorhin genannten Voraussetzungen »gegangen werden«. Ich spreche absichtlich von »gegangen werden«, da sich Konflikte in Luft auflösen sollen, sie sollen verschwinden, weg sein, nichts soll uns mehr an sie erinnern. Es ist so wie Heilung nach einer Verletzung. Fügt sich jemand einen Schnitt zu oder bricht sich das Bein, dann verheilt die Wunde. Etwas, das ursprünglich zusammengehörte und getrennt wurde, wird wieder eins. Die Verletzung verschwindet. Um die Heilung zu beschleunigen, werden Maßnahmen getroffen, die diese unterstützen. Wird im Gegensatz dazu etwas nur gelöst, ist das gelöste Problem weiter vorhanden, das Problem schwingt latent weiter mit. Niemand würde eine Verletzung »lösen« wollen. Wir suchen nur dann nach Lösungen, wenn die Verletzung oder die Folgen nicht mehr schwinden können, wie zum Beispiel bei verbleibenden körperlichen Einschränkungen, wo etwa ein Rollstuhl erforderlich wird. Ist das Problem allerdings verschwunden, dann existiert es nicht mehr, wir können uns auch nicht mehr (so leicht) daran erinnern, es ist bedeutungslos geworden. Dieser elementare Unterschied zwischen »gehen lassen« und »lösen« wird uns in den späteren Kapiteln mehr und mehr bewusst werden.

Das Geheimnis des Kampflos-Konflikte-Gehenlassens liegt in den beiden Fragen nach dem Wie und nach dem Wozu. Es geht um das Verhandeln, wie gleiche oder unterschiedliche Interessen der Konfliktpartner erreicht und wie deren Werte, insbesondere deren Kriterien zur Erfüllung ihrer Werte, befriedigt werden können. Diese Form des Gesprächs, der sprachlichen Auseinandersetzung, in der unterschiedliche »Wahrheiten« aufeinandertreffen, bezeichnen wir als Unterredung oder Diskurs.

Schauen wir uns den Unterschied zwischen Konflikt lösen und Konflikt gehen lassen anhand eines konkreten Beispiels an. Herr Müller fühlt sich in seiner Arbeit benachteiligt. Er möchte seit längerer Zeit Urlaub nehmen, bekommt diesen allerdings nicht bewilligt, da andere Kolleginnen ihren Urlaub für die jeweiligen Zeiträume bereits angemeldet haben. Das ärgert ihn, da er die Wünsche seiner Familie nicht erfüllen kann und sich dadurch bedrängt fühlt. Er spricht das Problem seinem Chef gegenüber an. Das Lösungsgespräch könnte folgendermaßen ablaufen:

Müller: »Chef, jedes Mal, wenn ich Urlaub eintragen möchte, sind die Tage bereits blockiert.«

Chef: »Dann müssen Sie zeitgerecht daran denken, Herr Müller. Wer zuerst kommt, hat Vorrang.«

Müller: »Ich kann meine Urlaube nicht früher planen, da der Beruf meiner Frau das nicht zulässt.«

Chef: »Was soll ich da machen. Das ist ihr Problem, Herr Müller. Haben Sie schon mit Ihren Kollegen darüber gesprochen?«

Müller: »Ja, habe ich, aber die bestehen auf ihre Urlaubszeiten.«

Chef: »Tut mir leid, da müssen sie eine Lösung mit den Kolleginnen finden, oder ich entscheide, wer wann auf Urlaub gehen kann, wenn keine Einigung erzielt werden kann.«

Die anvisierten Lösungsmöglichkeiten erscheinen beide unbefriedigend. Entweder geht Herr Müller mit seinen Kolleginnen in direkte Konfrontation, oder sie erfahren durch den gemeinsamen Chef, dass Herr Müller sich über sie beschwert hat und möglicherweise eine Machtentscheidung des Chefs getroffen werden wird. Müllers Konflikt wurde an eine höhere Stelle, nämlich an den Chef, zur Lösung delegiert. Das Problem wird bleiben, auch wenn es in Einzelfällen gelöst wird.

Eine Unterredung, die zur Heilung eines Konflikts angelegt ist, beginnt mit der Fragestellung an sich selbst: »Welche Wahrnehmungen mache ich, und wie geht es mir damit?« Sehen wir uns diese Möglichkeit an:

Müller: »Chef, jedes Mal, wenn ich Urlaub eintragen möchte, bemerke ich, dass die Tage bereits blockiert sind. Das bereitet mir Sorgen, da meine Familie darunter leidet.«

Chef: »Wie genau bereitet Ihnen das Sorgen?«

Müller: »Zeit mit meiner Familie ist mir wichtig. Das stärkt unseren Zusammenhalt und gibt mir Kraft.«

Chef: »Wie könnten Sie diesen wichtigen Wert, Zeit mit der Familie zu verbringen, noch erfüllen?«

Müller: »Hm, ich könnte mir meine Arbeitszeiten vielleicht anders einteilen. Ich könnte auch meine Kolleginnen fragen, welche Möglichkeiten sie haben, bereits eingetragene Urlaubszeiten zu verschieben. Wir könnten uns in der Kollegenschaft ausmachen, was eine faire Urlaubsplanung für jeden von uns bedeuten könnte und wie diese aussehen würde.«

Chef: »Ich bin sicher, dass alle dabei sind. Denn Zeit für die Familie und für sich selbst ist sicherlich ein gemeinsames Interesse aller Beteiligten. Je besser wir das für jede und jeden von uns gemeinsam erfüllen können, desto besser wird es uns allen gehen.«

Der Chef hat auf die Erfüllung des für Herrn Müller wichtigen Werts »Zeit für die Familie« reagiert und ihn als Erstes gefragt, wie er diesen auch ohne Zuhilfenahme von Kollegen erfüllen könnte. Herrn Müllers gefühlte Abhängigkeit vom Verhalten der Kollegen wurde somit vermindert. Es wurden ihm Möglichkeiten bewusst, die Erfüllung seines Wertes selbst in die Hand zu nehmen. Der Fokus wird auf die Interessen gelegt, statt das Verhalten anderer Personen zu kritisieren. Gemeinsame Interessen verbinden Menschen, sie schaffen eine Beziehung und ermöglichen das Führen von Gesprächen, die wir als Unterredung oder Diskurs bezeichnen. Selbstverständlich wird es nicht so sein, dass diese Gespräche immer leicht sind, dennoch sind sie von der Überzeugung geprägt, das eigene Interesse durch Erfüllung der Interessen der anderen Beteiligten bedienen zu können. Das macht menschenwürdigen und friedlichen Umgang miteinander möglich.

Gedankenlesen gibt es nicht

Wie oft passiert es dir, dass du anderen Menschen eine Meinung oder einen Gedanken unterstellst, den sie aus deiner Sicht hätten? Aus eigener Erfahrung weiß ich, dass wir oft darüber nachdenken, was wohl die anderen denken mögen. Es erscheint wichtig zu wissen, was die anderen von uns halten, allerdings nur dann, wenn man seinen eigenen Wert von der Meinung anderer Menschen abhängig macht.

Glauben wir, die Gedanken anderer zu kennen und zu erkennen, dass sie schlecht über uns denken, beginnt sich eine Teufelsspirale nach unten zu drehen. Wir machen der anderen Person Vorwürfe. Wir überlegen, wie wir uns revanchieren können, und was unser Verhalten beim anderen wieder auslösen wird. Mit einem Wort, wir malen uns ein dunkles Bild und hören bereits die Drohungen des anderen. Es kommt der Tag, an dem wir es der anderen Person vorwurfsvoll mitten ins Gesicht sagen, wie schlecht und niederträchtig sie sei. Doch nichts von dem Gesagten ist wahr, es ist das Ergebnis der eigenen wirren Gedankenwelt. Die Stimmung ist auf einem Tiefpunkt angelangt, und zwar ausschließlich aufgrund unserer eigenen Vorstellungen.

Vielleicht kennst du die »Geschichte vom Hammer«, die Paul Watzlawick in seinem Buch »Anleitung zum Unglücklichsein« schreibt. Hier die Kurzform: Ein Mann benötigt zum Aufhängen eines Bildes einen Hammer, hat jedoch keinen eigenen. Deshalb überlegt er, seinen Nachbarn zu fragen, ob der ihm einen borgen könnte. Doch dabei kommt er ins Grübeln, denn der Nachbar hatte ihn gestern im Treppenhaus so unfreundlich angeschaut. Eigentlich schaue der

Nachbar immer unfreundlich. Er ist sicherlich ein unfreundlicher Mensch. Wenn ich ihn jetzt fragen würde, würde er mich sicherlich abweisen. Solche Menschen zum Nachbarn zu haben, ist eine Zumutung. Voller Ärger läutet er an der Wohnungstür des Nachbars, der gleich öffnet, und er brüllt ihn an: »Ihren Hammer können Sie behalten!«, dreht sich um und geht.

Gedankenlesen gibt es nicht. Das Einzige, das sich an einer anderen Person beobachten lässt, ist deren Verhalten. Dazu gehören Haltung, Gesichtsausdruck, Handbewegungen, Standfestigkeit, Gehgeschwindigkeit, Mimik, Augenbewegungen, Atmung, Stimmlage, Tonlage, Sprechgeschwindigkeit, Wortwahl und einiges mehr. Wir können andere Menschen mit unseren Sinnen, wie Sehen, Hören, Fühlen, Riechen und Schmecken, erfassen, nicht jedoch, was und wie sie gerade denken.

Das »Modell der neurologischen Ebenen« von Robert Dilts erklärt, wo die Unterschiede zwischen Identität und Verhalten liegen. Die neurologischen Ebenen, die von ihm Mitte der 1980er-Jahre entwickelt wurden, bauen aufeinander auf und beeinflussen einander. Von unten nach oben sind dies:

- Umgebung und Umwelt
- Verhalten
- Ressourcen und Fähigkeiten
- Werte, Überzeugungen und Glaubenssätze
- Identität
- Zugehörigkeit
- Spiritualität

Die neurologischen Ebenen geben uns eine Struktur, unsere Sinneswahrnehmungen, unser Verhalten, unsere Gedanken und die damit verbundenen Denkmuster zu unterscheiden und so zu verändern, wie wir es für hilfreich und der aktuellen Situation entsprechend für angebracht erachten. Die verschiedenen Ebenen helfen dir, dich und andere besser zu verstehen und zu erkennen, wie du in Konfliktsituationen reagieren und agieren möchtest.

Auf der untersten neurologischen Ebene haben wir es mit der Umgebung und der Umwelt zu tun. Es handelt sich um die Orte, an die du dich begibst. Es sind die Situationen, die du herbeiführst, die du zulässt, in denen du bleibst oder aus denen du gehst. Die Orte können dein Arbeitsplatz sein oder dein Zuhause. Situationen beschreiben die Wahrnehmungen, die du machst. Sei es mit Kolleginnen, mit deiner Familie oder mit Freunden. Ein Ort an sich kann eine gewisse Macht ausstrahlen, das eine scheint mehr und etwas anderes weniger erlaubt. Deswegen ist es wichtig, zur Regelung von Meinungsverschiedenheiten einen neutralen Ort zu wählen. Es kommt immer wieder vor, dass einer der Konfliktparteien den Konfliktpartner zum Beispiel zu sich ins Büro einlädt, wo der Eingeladene sich unterlegen fühlen kann. Selbstverständlich hat der Ort keine Macht an sich, sondern wir geben ihm diese, wir schreiben sie ihm zu.

Wie du dich verhältst, hängt zunächst von der Situation ab, in der du dich befindest – dem zeitlichen und räumlichen Kontext. Im Büro verhältst du dich anders als zu Hause oder beim Sport mit Freunden. Im Sport zeigst du dich vielleicht sehr draufgängerisch und risikobereit, im Beruf sehr erfolgsfokussiert und daheim besonnen, geduldig und liebevoll. Dein Verhalten ist die Summe aller deiner Bewegungen, deiner Körperhaltungen, deiner Mimik und Gestik, deiner Wortwahl und Sprechweise. Andere Menschen können ausschließlich dein Verhalten beobachten, so wie du nur das Verhalten anderer Menschen beobachten und einschätzen kannst.

Jeder Mensch besitzt bestimmte Ressourcen und Fähigkeiten. Diese Fähigkeiten lenken seine Verhaltensweisen. Niemand würde etwas tun, zu dem er oder sie sich nicht fähig fühlt, oder das nicht in den gegebenen Kontext, in die Umgebung als passend eingeschätzt wird. Fühlt sich jemand hingegen an einem sicheren Ort, in einem geborgenen Umfeld, dann wird gern das eine oder andere Verhalten probiert. Darum wird in Trainings und Seminaren gern von einem »Safe Space« gesprochen, einem sicheren Raum, in dem Neues erlaubt oder sogar ausdrücklich gewünscht ist. Fühlst du dich gut trainiert, dann bist du im Sport vielleicht kämpferisch. Hast du ein hohes Selbstwertgefühl und glaubst du fest daran, in deinem beruflichen Umfeld etwas bewirken zu können, agierst du entsprechend, um dein Ziel zu erreichen. Weißt du, was es bedeutet, Liebe zu erfahren, dann gibst du sie an deine Familie weiter. Traust du dir die eine oder andere Fähigkeit nicht zu, dann spiegelt sich dies ebenso in deinem Verhalten.

Je nach Denkweise ändern sich deine Verhaltensweisen. Je mehr du dir zutraust, desto mehr entwickeln sich deine Ressourcen und deine Fähigkeiten. Erinnere dich an besondere Momente in deinem Leben, in denen du dich stark fühltest, in denen du das Gefühl hattest, alles erreichen zu können, was du wolltest, so wirst du feststellen, wie sich dein innerer emotionaler Zustand in einen ressourcenreichen Zustand verwandelt: Du siehst mehr Möglichkeiten, die dir offen stehen. Besuche die guten und freudvollen Erinnerungen regelmäßig in deinem Museum von Erinnerungen, um deine Ressourcen zu erweitern. Ressourcen und Fähigkeiten sind Zuschreibungen, die du dir gibst, oder die du anderen gibst. Etwas, das du jederzeit ändern kannst.

Die Werte, Überzeugungen und Glaubenssätze, die ein Mensch in sich trägt, bilden die Grundlage seiner Motivation. Sie erlauben ihm, die eine oder andere Fähigkeit einzusetzen, um ein bestimmtes Verhalten zu zeigen. Genauso kann die Anwendung einer Fähigkeit aufgrund der Überzeugung einer Person untergraben werden. Glaubt jemand, dass Draufgängertum nicht in Ordnung ist, wird er im Sport nicht sehr erfolgreich sein. Glaubt jemand, dass man sich im Beruf besser unterordnet, sind die zu erreichenden Ziele eher bescheiden. Glaubt jemand, dass man Liebe nicht zeigen darf, werden andere von dieser Liebe wenig spüren. Glaubst du an dich und deine Begabungen und vertraust du darauf, dann erlaubst du dir, diese Fähigkeiten einzusetzen und weiterzuentwickeln. Glaubst du, dass du deine Werte selbst erfüllen kannst, dann ist dein Selbstwert hoch.

*Du bist dir selbst viel wert,
weil du dich um die wichtigen Dinge
in deinem Leben selbst kümmerst
und es nicht anderen überlässt,
wie du dich fühlst.*

Welche Verhaltensweisen in einem bestimmten Kontext als angemessen oder adäquat gelten, bestimmen gemeinsame Werte, Überzeugungen und Glaubenssätze. Diese Gesamtheit bezeichnen wir als Kultur. Kultur ist die Art und Weise, wie wir mit uns selbst und miteinander umgehen. Sie unterscheidet sich zwischen Kontinenten und Ländern, Religionen, Unternehmen und Familien. So ist es an manchen Orten erlaubt, seine Meinung zu sagen, an anderen nicht. Wie Menschen den Arbeitsalltag verbringen, wird durch die Unternehmenskultur bestimmt. Was erlaubt ist und was nicht, ist in ungeschriebenen Gesetzen sowie in Leitbildern verankert. Der Führungsstil bestimmt, wie mit Konflikten umgegangen wird, ob Probleme eher verschwiegen und unter den Tisch gekehrt werden, oder ob sie gemeinsam gelöst werden. In manchen Familien wird es als bereichernd angesehen, Meinungsverschiedenheiten liebevoll auszutragen, in anderen herrscht die Macht der Unterdrückung.

Kultur zu verändern, ist ein anspruchsvolles Unterfangen. Schon der US-amerikanische Ökonom österreichischer Herkunft, Paul Drucker, sagte: »Culture eats strategy for breakfast.« Frei übersetzt bedeutet dies, dass die gelebte Kultur immer stärker ist als alle Strategien, die zur Kultur im Widerspruch stehen. Willst du das Verhalten von Menschen verändern, musst du bei der Kultur, bei den Werten, Überzeugungen und Glaubenssätzen beginnen. Willst du das Verhalten deines Konfliktpartners verändern, so musst du seine Werte, Überzeugungen und Glaubenssätze verstehen, ohne damit notwendigerweise konform zu gehen.

Hast du begonnen, sie zu verstehen, hast du drei Möglichkeiten:

- Du findest eine Lösung, die sowohl zu dir als auch zur »Kultur« deines Gegenübers passt und induzierst damit ein neues, lösungsorientiertes Verhalten, oder
- du bringst **seine** Werte, Überzeugungen und Glaubenssätze ins Schwanken und öffnest die Tür für neue Sichtweisen, die seine Wahrnehmungen und dessen Bewertungen verändern, oder
- du adaptierst **deine** Werte, Überzeugungen und Glaubenssätze in einer Form, dass du sie selbst erfüllen kannst. Damit machst du dich vom Verhalten der anderen Person unabhängig.

Die Identität fasst das System von Überzeugungen und Werten zu einem Selbstbild zusammen. Der allgemeine Zweck, die eigene Mission wird durch das Selbstempfinden geprägt, wie wertig du dich selbst siehst. Sagst du zu dir selbst und zu anderen zum Beispiel: »Ich bin ein guter Sportler«, »Ich bin eine erfolgreiche Managerin«, »Ich bin ein liebender Familienmensch«? Die Worte »Ich bin ...« geben uns einen Hinweis darauf, dass jemand von seiner Identität spricht. Diese Person spricht davon, für wen sie sich hält. Ihre Werte, Überzeugungen und Glaubenssätze, die damit verbundenen Fähigkeiten und das gezeigte Verhalten unterstützen diese Identität, sie sind die Grundlage dafür.

Zugehörigkeit gibt dir das Gefühl, Teil einer Gemeinschaft zu sein. Dazu zählen deine Familie, dein berufliches Umfeld, dein Sportverein, deine Nachbarn und deine Mitmenschen, die Gesellschaft, in der du lebst und die gesamte Menschheit. Es bettet dich als Individuum mit deiner Identität in etwas ein, es gibt dir einen Rahmen, in dem du mit deiner Identität Sinn stiftest. Teil einer Sportmannschaft zu sein, macht Sinn. Teil eines Unternehmens zu sein, macht Sinn. Teil einer Familie zu sein, macht Sinn. Es gibt dir Antwort auf die Frage: »Für wen bin ich da?«

Die Spiritualität bezieht sich auf das Gefühl, Teil eines größeren, über die Gemeinschaft hinausgehenden Systems zu sein – einem System, das umfassend ist. Vielleicht stellst du dir die Frage, welches Vermächtnis du hinterlassen möchtest oder welche Veränderungen du in der Welt bewirkten möchtest. Spiritualität gibt dir Antwort auf die Fragen: »Um was geht es mir wirklich?«, »Was ist der Sinn meines Lebens?«

Je weiter wir uns auf diesen aufeinanderfolgenden Ebenen nach oben bewegen, desto mehr lösen sie sich von Einzelheiten des Verhaltens und der Sinneswahrnehmung. Jedoch haben die höher liegenden Ebenen eine zunehmende und umfassendere Wirkung auf unser Erleben und auf unser Verhalten insgesamt. Daraus können wir schließen, dass wir achtsam sein müssen, auf welcher Ebene wir uns selbst und andere Menschen ansprechen. Wir kommen mit bestimmten Äußerungen schwerer zurecht als mit anderen. Vergleiche folgende Aussagen:

- Das Messer ist gefährlich.
- Deine Handlungen mit dem Messer sind gefährlich.
- Deine Unfähigkeit, mit dem Messer richtig umzugehen, ist gefährlich.
- Was du glaubst und für wichtig hältst, ist gefährlich.
- Du bist ein gefährlicher Mensch.

Die erste Aussage bezieht sich auf den Kontext, den Umweltfaktor »Messer«. Die zweite Aussage spricht von den Handlungen mit dem Messer, die dritte bezieht sich auf die Fähigkeiten der Person, die mit dem Messer umgeht. Die vierte Aussage ist an die Überzeugungen der Person adressiert. Die fünfte Aussage ist ein negatives Urteil über die Identität der Person. Es macht einen riesigen Unterschied, ob jemand zu dir sagt, deine Verhaltensweise sei gefährlich oder du seist ein gefährlicher Mensch. Feedback über negative Verhaltensweisen können Menschen leichter ertragen als Angriffe auf ihre Identität. Gerade im Streit und in Konfliktsituationen neigen Menschen dazu, andere auf der Identitätsebene anzugreifen. Die emotionalen Spannungen werden dadurch steigen. Deswegen fokussiere immer auf das Verhalten der anderen Person, das dir widerstrebt. Wir können keine Gedanken lesen, Angriffe auf der Identitätsebene sind daher in Konfliktsituationen kontraproduktiv und verschlimmern die Situation erheblich.

Feedback über positive Verhaltensweise hingegen haben auf der Identitätsebene eine höhere Wirkung, als wenn sie auf der Kontextebene gegeben werden. Stelle dir vor, jemand würde dich mit folgenden Aussagen konfrontieren:

- Deine Umgebung ist außergewöhnlich.
- Dein Verhalten ist außergewöhnlich.
- Deine Fähigkeiten sind außergewöhnlich.
- Du bist außergewöhnlich.

Ein Feedback, dass deine Umgebung außergewöhnlich sei, würde dir vielleicht nur eine müde Zustimmung entlocken. Sagt hingegen jemand zu dir, dein Verhalten sei außergewöhnlich, freut dich dies schon deutlich mehr. Behauptet jemand, deine Fähigkeiten seien außergewöhnlich, fühlst du dich geehrt. Wird allerdings gesagt, du seist außergewöhnlich, dann ist dies ein Zeichen von höchster Anerkennung für dich. Bei Feedback über positive Verhaltensweisen fühlst du dich also umso geehrter, je höher die Ebene ist, auf der es gegeben wird. Bemerkst du bei deinem Konfliktpartner ein positives Verhalten, dann gib wertschätzendes Feedback auf der Einstellungs- oder Identitätsebene, indem du zum Beispiel sagst: »Ich bin erleichtert, dass du deine Einstellung verändert hast. Ich wusste, du bist ein guter Mensch.«

Die Identität eines Menschen, seine Fähigkeiten und sein Verhalten sind strikt voneinander zu trennen. Durch achtsame Sprache wollen wir diese strikte Trennung sicherstellen. Wir wollen erreichen, dass wir Kritik ausschließlich auf das Verhalten einer Person beziehen, indem wir sagen: »Mit deinem konkreten Verhalten bin ich nicht einverstanden ...« Die Identität des Menschen und damit seine Würde bleiben stets schützenswert, auch wenn es sich um Konfliktparteien handelt. Du bist dir bewusst, dass Angriffe auf die Identität eines Menschen erhebliche emotionale und mentale Auswirkungen auf diesen Menschen haben können und Konfliktpartner sich dadurch in die Enge getrieben fühlen und ihre Verteidigung verschärfen.

Wie würdest du dich fühlen, wenn jemand zu dir sagt: »Du bist ein schlechter Mensch«? Ist ein Konflikt schon so weit fortgeschritten, dass es nur mehr darum geht, dem anderen Schaden zuzufügen oder ihn zu vernichten, dann bemerkst du dies an den Angriffen auf die Identität der anderen Person, sie soll zerstört werden.

Bin ich selbst mein größter Feind?

Menschen neigen dazu, die Schuld an der eigenen misslichen Lage den Umständen zuzuschreiben. Ja, es sind die Umstände, wie die falschen Eltern, die schlechten Lehrer, der schlechte Job, das miese Gehalt, die bösen Arbeitskolleginnen, die Gesetze, die Regierung und die Umwelt, die wir für unser eigenes (Un-)Wohlbefinden oft verantwortlich machen. Zuletzt war es die Coronapandemie, die für die zunehmenden psychischen Probleme von Kindern und Jugendlichen herhalten musste. Die Kinder haben meiner Ansicht nach nicht unter der Pandemie gelitten, sondern darunter, wie die Eltern damit umgegangen sind. Sie haben nämlich ihr eigenes Wohlbefinden von ihrer Bewertung der, zugegebenermaßen unerfreulichen, Umstände abhängig gemacht. Diese Bewertung der Eltern hat sich auf die Kinder übertragen, nicht der Umstand von Corona selbst.

Bei Konflikten mit anderen Menschen kannst du beobachten, dass das eigene Wohlergehen vom Verhalten anderer abhängig gemacht wird. Nur wenn andere zu mir freundlich sind, mich anerkennen, mir gutes Feedback geben und etwas Nettes sagen, nur dann geht es mir gut. Diese vermutete Abhängigkeit führt mit der Zeit zum massiven Einfordern dieses gewünschten Verhaltens. Während am Anfang einer Beziehung noch alles bestens ist, die andere Person durch die rosarote Brille betrachtet wird und Liebe ohnehin blind macht, so verändert sich das Bild nach sechs bis neun Monaten. Die verzerrte Wahrnehmung verschwindet, und das wahre Verhalten tritt zutage. Nicht ganz, zutage trat es schon immer, Freunde und Verwandte haben vielleicht vergebens gewarnt, doch die eigene Wahrnehmung wird schärfer und präziser. Wird den Einforderungen nicht oder zu wenig nachgekommen, sind Streit, Auseinandersetzung und Konflikte die Folge.

Eigenes Wohlbefinden lässt sich zuverlässig nur dann herstellen, wenn wir uns vom Verhalten anderer Menschen unabhängig machen. Wenn wir uns Menschen suchen, die sich ebenfalls unabhängig fühlen, und die erkennen, dass die Erfüllung der eigenen Werte unabhängig von anderen funktioniert, gemeinsam jedoch leichter geht. Ähnliches gilt für die eigenen Lebensumstände: Suche oder erschaffe sie dir, so wie du sie möchtest. Tust du das nicht, so gehst du feindlich dir selbst gegenüber um. Du gibst deine Macht über dich aus der Hand und ermächtigst jene, denen du die Schuld an deiner Lage gibst, über dich zu entscheiden.

Überlege dir jetzt, welches Verhalten du von anderen Menschen in deiner Umgebung einforderst, und schreibe es auf. Hier ein paar Ideen:

In deinem Privatleben könnte es vielleicht Folgendes sein: Mein Partner, meine Partnerin muss Zeit für mich haben. Sie muss mich verstehen. Sie soll mir zuhören. Sie soll freundlich sein und auf mich Rücksicht nehmen. Sie soll Ordnung halten und ihre Sachen wegräumen. Ich möchte ein sauberes und ordentliches Umfeld.

Von deiner Familie und deinen Verwandten forderst du möglicherweise, dass sie sich zurückhalten sollten und sich auf keinen Fall in die Erziehung der Kinder einzumischen haben. Sie sollten weniger bevormundend sein und es dir selbst überlassen, wie du dich kleidest und mit wem du in einer Partnerschaft bist. Sie sollten auch aufhören, dauernd nachzufragen, wann denn nun endlich der Nachwuchs ins Haus stehen würde. Weniger zu kritisieren und mehr für einen da zu sein, das wäre wünschenswert.

Im Arbeitsleben hast du vielleicht folgende Forderungen: Deine Arbeitskollegen sollen zuvorkommend mit dir umgehen. Sie sollen deine Launen vertragen. Sie sollen deine Urlaubswünsche respektieren. Dein Chef soll dich anerkennen und loben. Er soll fair und gerecht sein. Er soll sich nicht dauernd einmischen. Er soll dir mehr Gehalt geben, Karriere und Weiterbildung ermöglichen.

Von deinen Nachbarn forderst du vielleicht, dass sie dich grüßen. Sie sollen sich leise verhalten und den Müll vor ihrer Wohnungstür wegräumen. Sie sollen Verständnis haben, wenn es bei uns manchmal etwas lauter ist, schließlich haben wir Kinder oder laden gern Freunde zu Partys ein. Außerdem sollten sie ein wenig bescheidener sein und mit ihrem neuen Auto nicht so angeben.

Auch an deine Freunde stellst du unter Umständen Forderungen: Sie müssen doch Verständnis zeigen, wenn du keine Zeit hast, sie zu treffen. Wenn ihr einander trefft, erwartest du Pünktlichkeit und Aufmerksamkeit. Sie müssen doch wissen, wenn es dir schlecht geht und regelmäßig anrufen, um nach deinem Befinden zu fragen. Wahre Freunde müssen immer für einen da sein.

Ich bin sicher, diese Liste ließe sich noch durch mehrere Hundert Forderungen ergänzen. Vielleicht denkst du dir, diese Forderungen sind doch alle berechtigt, oder? Es sind Regeln, an die man sich doch zu halten habe, wenn man eine gute Partnerin, ein ordentliches Familienmitglied, ein respektabler Arbeitskollege, ein zivilisierter Nachbar und ein wohlwollender Freund sein möchte.

Überprüfe nun deine persönliche Liste an Forderungen, die du an andere Menschen stellst. Du wirst wohl sagen, wenn diese Kriterien erfüllt sind, dann ist alles in Ordnung, dann passt das Leben für dich. Das Problem sind nicht die Regeln an sich, sondern dass du dich davon abhängig machst, ob die anderen diese Regeln einhalten. Dein Wohlbefinden hängt daran, inwiefern andere deinen Regeln folgen. Tun sie das nicht, geht es dir schlecht – das ist das Problem. Du weißt aus eigener Erfahrung, dass die Menschen in deinem Umfeld deine Regeln eben nicht einhalten und deinen Forderungen eben nicht nachkommen. Genau diese Wahrnehmung schafft dir innere Konflikte: Was dir wichtig ist, wird nicht erfüllt, und du weißt nicht, wie du die Erfüllung bewerkstelligen könntest. Das Einzige, was bleibt, sind eben massives Einfordern, Streit und Konflikte, hin bis zu Gewalt, Vernichtung und Krieg.

Umgekehrt ist es genauso, dass andere Menschen dich mit ihren Forderungen konfrontieren, und du nicht gewillt bist, diese zu erfüllen. Streit und Konflikte, Gewalt, Vernichtung und Krieg können die Folge sein.

Solange du also Forderungen stellst, die nicht eingehalten werden oder dich einem Umfeld auslieferst, das Forderungen an dich stellt, die du nicht erfüllen möchtest, so lange bist du dein größter Feind. Du findest dich in Auseinandersetzungen, Streitigkeiten und Konflikten wieder. Möglicherweise sogar in psychischer oder physischer Gewalt, in Vernichtungskämpfen oder Ehe- und Scheidungskriegen.

Schritte zur Heilung

Als ersten Schritt zu Heilung überlege dir, wie du deine Erwartungen beziehungsweise Forderungen an deine Umwelt so umformulieren könntest, dass du sie dir selbst erfüllen kannst:

Mache aus »Mein Partner, meine Partnerin muss Zeit für mich haben. Sie muss mich verstehen. Sie soll mir zuhören. Sie soll freundlich sein und auf mich Rücksicht nehmen. Sie soll Ordnung halten und ihre Sachen wegräumen. Ich möchte ein sauberes und ordentliches Umfeld« etwas wie:

»Ich nehme mir Zeit für mich. Ich möchte mich verstehen und bin freundlich zu mir selbst. Ich halte Ordnung und sorge für ein sauberes und ordentliches Umfeld.«

Wandle »Meine Familie und Verwandten sollen sich zurückhalten und sich auf keinen Fall in die Erziehung der Kinder einzumischen. Sie sollten weniger bevormundend sein und es mir selbst überlassen, wie ich mich kleide und mit wem ich in einer Partnerschaft bin. Sie sollten auch aufhören dauernd nachzufragen, wann denn nun endlich der Nachwuchs ins Haus stehen würde. Weniger zu kritisieren und mehr für einen da zu sein, das wäre wünschenswert« um in: »Ich bestimme die Erziehung meiner Kinder und hole mir manchmal die Meinung anderer ein. Ich kleide mich nach meinem Geschmack und bestimme, mit wem ich zusammenlebe. Auf die Frage, wann endlich der Nachwuchs kommt, antworte ich, dass dies allein meine Sache ist. Ich nehme meine Familie, so wie sie ist, an.«

Aus »Meine Arbeitskollegen sollen zuvorkommend mit mir umgehen. Sie sollen meine Launen vertragen. Sie sollen meine Urlaubswünsche respektieren. Mein Chef soll mich anerkennen und loben. Er soll fair und gerecht sein. Er soll sich nicht dauernd einmischen. Er soll mir mehr Gehalt geben, Karriere und Weiterbildung ermöglichen.« entwickelst du: »Ich bin zuvorkommend und erkenne die Launen anderer an. Ich weiß selbst, wenn meine Arbeit gut ist, und ich bestätige mir dies, indem ich aktiv Feedback einhole. Ich kann eine bessere Bezahlung, Karriere und Weiterbildung gut und schlüssig argumentieren.«

Statt von deinen Nachbarn zu fordern, dass sie dich grüßen, sich leise verhalten und den Müll vor ihrer Wohnungstür wegräumen sollen, und Verständnis zeigen, wenn es bei uns manchmal etwas lauter ist, und sie ein wenig bescheidener sein und mit ihrem neuen Auto nicht so angeben sollten, denkst du neu, dass du ihnen freundlich begegnest, auf Sauberkeit vor deiner Wohnungstüre achtest und ihnen erklärst, wie sehr du dich darum kümmerst. Wenn es bei dir lauter werden wird, kündigst du dies an, genauso wie du Verständnis zeigst, wenn es bei ihnen etwas lauter zugehen sollte. Du freust dich bei neuen Anschaffungen, die sie tätigen, mit ihnen.

Statt wie bisher von deinen Freunden zu fordern: »Sie müssen doch Verständnis zeigen, wenn ich keine Zeit habe, sie zu treffen. Wenn wir einander treffen, erwarte ich Pünktlichkeit und Aufmerksamkeit. Sie müssen doch wissen, wenn es mir schlecht geht und regelmäßig anrufen, um nach meinem Befinden zu fragen. Wahre Freunde müssen immer für einen da sein.« machst du Folgendes: »Ich zeige Verständnis, ich bin pünktlich und bringe ihnen Aufmerksamkeit entgegen. Ich melde mich regelmäßig und frage, wie es ihnen geht.«

»Du kannst nun alles, was dir in diesen Lebensbereichen wichtig ist, selbst erfüllen. Du brauchst die anderen nicht mehr dazu, um deine Regeln einzuhalten.

Du wirst feststellen, deine Ausstrahlung ändert sich schlagartig: Ein Mensch, der fordernd und abhängig war, hat sich in jemanden gewandelt, der selbstbestimmt und unabhängig ist. Selbstbestimmte und unabhängige Menschen sind attraktiver, sie sind weniger anfällig für Streitigkeiten und Konflikte, sie können mit anderen Meinungen viel leichter umgehen. Sie fühlen sich nicht wegen jeder Kleinigkeit in die Enge getrieben oder bedroht. Selbstbestimmte und unabhängige Menschen finden sehr leicht ähnlich denkende Menschen. Sie kommen wie automatisch mit jenen zusammen, die ebenfalls auf sich selbst achten, anderen zuhören und aufmerksam sind. Sie erkennen, dass sie ihr selbstbestimmtes und unabhängiges Leben gemeinsam noch leichter führen können, und sie bleiben aus diesem Grund freiwillig beisammen.

Als zweiten Schritt zur Veränderung begegne Forderungen, die an dich gestellt werden in einer Form, dass das Einfordern verschwindet. Das bedeutet, du musst dich deiner Umgebung stellen. Du darfst nicht mehr klein beigeben, sondern bist besser beraten, dich dem Konflikt mit der anderen Person zu stellen. Fordert jemand von dir, ihr mehr Zeit zu widmen oder aufmerksamer zu sein, mehr Mitgefühl zu zeigen, mehr Verständnis zu haben oder dich angepasster zu verhalten, dann hast du bisher vielleicht versucht, dieser Forderung nachzukommen. Gerade bei dir wichtigen Menschen hast du dir mehr Zeit genommen oder mehr Mitgefühl gezeigt. Das ist selbstverständlich in Ordnung. Wird es dir jedoch zu viel, weil du dich ausgenutzt fühlst oder gar missbraucht vorkommst, dann bist du gut beraten, die Situation zu verändern.

Die meisten Menschen erwidern jedoch Forderungen dieser Art auf der Inhaltsebene. Sie sagen zum Beispiel: »Wie viel Zeit soll ich dir noch widmen? Wie viel Aufmerksamkeit brauchst du noch? Glaubst du, ich bin nur für dich da? Was glaubst du eigentlich, wer du bist?« Das führt naturgemäß zu einer Auseinandersetzung, da unterschiedliche Sichtweisen aufeinanderprallen. Sichtweisen, die nicht zusammenpassen, einen Gegenpol bilden, und dem Wunsch der anderen Person widersprechen. Ich rate dir, ein anderes Verhalten an den Tag zu legen, und damit ehrliches Interesse an der anderen Person zu zeigen. Fordert also jemand von dir mehr Zeit, dann erwidere: »Woran kann ich erkennen, wie viel Zeit genau ich dir widmen sollte? Wie viel Zeit der Aufmerksamkeit benötigst du? Was ist dir dabei besonders wichtig?« Die Wie-Fragen helfen, das Interesse der anderen Person herauszufinden und zu verstehen, um was es ihr geht. Die Wozu-Frage in der Form »Was ist dir dabei wichtig?« ermöglicht es, die hinter den Anschuldigungen liegende Absicht zu erkennen. Die Forderungen, die bisher als Vorwürfe gewertet wurden, werden als Wahrnehmungen der anderen Person stehen gelassen, und die dahinterliegenden Absichten und Interessen werden nun erkundet.

Damit die vorhin formulierten Wie- und Wozu-Fragen funktionieren, ist ehrliches Interesse an den Antworten erforderlich. Du wirst feststellen, dass die Antworten etwas zögerlich kommen, da diese Art der Fragestellung einerseits ungewöhnlich ist und die Antwort andererseits erst aus dem Museum der Erinnerungen dieser Person hervorgeholt werden muss. Diese Verzögerung der Antwort bringt eine kurze Stille und nimmt den Vorwürfen die Dynamik. Meist sind die gegebenen Antworten sowohl für die fragende als auch für die befragte Person überraschend, da sie bislang unbewusste Gedankenmuster an die Oberfläche, in das Bewusstsein, befördern.

Mit welchen Antworten kannst du rechnen, und wie solltest du darauf reagieren? Gib der anderen Person Zeit, eine Antwort zu finden. Es kann sein, dass deine Frage nicht gleich verstanden wird. Wenn du also sagst: »Woran kann ich erkennen, wie viel Zeit ich dir widmen sollte? Wie viel Zeit der Aufmerksamkeit benötigst du? Was ist dir dabei besonders wichtig?«, und du hörst darauf nur ein »Wie bitte?«, dann wiederhole deine Fragen in genau demselben Wortlaut. Warte weiter schweigend interessiert auf eine Antwort und bleibe neugierig. Eine mögliche Antwort wäre: »Ich fühle mich oft so allein.« Hinterfrage weiter: »Wann genau fühlst du dich allein, und wie oft ist das der Fall?« Meist kann die andere Person keine präzise Antwort geben. Auf jeden Fall kannst du Folgendes anbieten: »Wenn du dich das nächste Mal allein fühlst, melde dich bei mir und ich rufe dich, sobald ich kann, zurück.«

Werden also Forderungen an dich gestellt, die du nicht erfüllen möchtest, stelle ausschließlich die Wie- und Wozu-Frage in der Form »Wie weißt du, dass ... « und »Was ist dir dabei besonders wichtig?« Du wirst erfahren, dass aufkeimende Konflikte vermieden werden und du dich ruhig und sachlich durchsetzt. Wir werden uns in den folgenden Kapiteln eine Reihe weiterer Beispiele aus dem Alltag ansehen, die dir zeigen, welche Möglichkeiten dir diese Fragestellungen bringen. Du wirst zudem sehen, wie du die Dinge, die dir in deinem Leben besonders wichtig sind, selbstbestimmt und unabhängig viel besser erreichen kannst.

Deine Körpersprache: das Abbild deines Selbstwerts

Wie Menschen sich verhalten, ist immer Ausdruck ihres Selbstwertgefühls. Wie wir bereits wissen, glauben Menschen gern daran, dass eine bestimmte äußere Ursache schuld an ihrer Reaktion sei. Sie sind überzeugt, dass bestimmte Ereignisse sie wütend machen würden. Die Erklärung dafür ist in den Kriterien zu suchen, die sich diese Menschen zur Erfüllung ihrer Werte gegeben haben, beziehungsweise, die sie von anderen übernommen haben. Wird ein Wertekriterium, wie etwa Anerkennung, verletzt, weil jemand anderer Anerkennung geben sollte, dies aber nie tut, dann kann eine wütende Reaktion folgen. Diese könnte zum Beispiel schreiend mit den Worten »Du beachtest mich nie!« erfolgen, begleitet von einer nach vorn gebeugten Körperhaltung, den Zeigefinger auf die andere Person gerichtet.

Die US-amerikanische Psycho- und Familientherapeutin Virginia Satir entdeckte in ihrer Arbeit in Zusammenhang mit schwachem Selbstwertgefühl ein System von Kommunikationsmustern, bei denen der ganze Körper einschließlich der Hände beteiligt ist. Sie nennt diese Kommunikationsmuster »Überlebenshaltungen«. Jede diese Überlebenshaltungen verkörpert einen bestimmten psychologischen Zustand, gepaart mit einer inneren Befindlichkeit. Diese Muster haben, so Virginia Satir, kulturübergreifende Gültigkeit.

Die von Virginia Satir entdeckten Überlebenshaltungen geben ein deutliches Bild, wie Menschen ihre Gefühle zeigen. Diese vier Muster sind: Beschwichtigen, Anklagen,

Rationalisieren und Ablenken. Das fünfte Muster, das wir bei hohem Selbstwertgefühl beobachten, ist der Zustand der Kongruenz, der Ganzheit. Schauen wir uns diese genauer an.

Beschwichtigen

Wenn wir beschwichtigen, liegt das vor allem daran, dass wir gefallen möchten, um welchen Preis auch immer. Wir machen uns zum Jasager und legen die Macht über uns in andere Hände. Wer beschwichtigt, nimmt auf seine eigenen Gefühle keine Rücksicht. Auch wenn wir leiden, bleiben wir gefällig und beschwichtigen, damit andere nicht böse auf uns sind. Unser eigener Wert wird mit Füßen getreten, von uns selbst. Unsere Botschaft lautet: Ich bin nicht so wichtig. Jemand, der beschwichtigt, meidet Streit und Konflikte, er leidet lieber, da er niemanden verletzen möchte.

Wenn wir beschwichtigen, führen wir innere Monologe, die so ähnlich klingen könnten wie die Folgenden:

- Warum sollte man mich auch mögen, wer bin ich denn schon?
- Ich sollte besser lieb und nett zu allen sein.
- Es liegt nur an mir, wenn andere wütend auf mich sind.
- Ich sollte mich besser bedeckt im Hintergrund halten, ich habe nichts Wichtiges zu sagen.
- Es ist besser, wenn ich meine Sorgen und Ängste für mich behalte.

Der Beschwichtiger hat ein geringes Selbstwertgefühl und er tut sich schwer, eigenständig Entscheidungen zu treffen. Er benötigt andere Menschen, die ihm den Weg weisen. Beschwichtigende Haltungen können wir bei Menschen erleben, die sich ihrer Sache nicht so sicher sind oder bei jenen, die um Verzeihung bitten. Vielleicht hast du diese Haltung schon an dir selbst beobachtet, wenn dir etwas leidgetan hat, du dir einen Fehler bewusst gemacht oder du jemanden deine offenen Arme entgegenstreckt hast.

Anklagen

Ein Ankläger klagt sein Gegenüber an, um sich selbst zu schützen. Er hält seinen eigenen Standpunkt für den richtigen, glaubt, als Einziger den Durchblick zu haben und scheut sich nicht, sein Gegenüber kleinzureden. Nur er hat recht, und das zeigt er auch auf eine schroffe, niedermachende, manchmal auch gewalttätige Art. Unterwerfung, wie es der Beschwichtiger machen würde, kommt für ihn nicht in Frage. Von ihm hören wir eher Sätze wie die Folgenden:

- Du bist an allem schuld!
- Mit deinen Argumenten kommst du niemals durch!
- Ich habe immer recht, merk dir das!
- Dich mache ich fertig.

Die typische Körperhaltung des Anklägers: Er steht gerade aufgerichtet da und deutet mit weit vorgestrecktem Zeigefinger auf sein Gegenüber. Die andere Hand stützt er in der Hüfte ab. Um sein Gegenüber noch besser einschüchtern zu können, setzt er einen Fuß vor den anderen. Seine Haltung soll Stärke demonstrieren und anderen Menschen Angst einflößen.

Menschen, die sich die anklagende Haltung zu eigen machen, explodieren schnell, wenn sie sich in die Enge gedrängt fühlen. Sie wollen ihre eigene Verletzlichkeit unter keinen Umständen zugeben. Typische Extremverhaltensweisen gehen bis zum körperlichen Verletzen der Mitmenschen.

Rationalisieren

Übertrieben rational zu sein, lässt das Selbst und andere Personen unberücksichtigt. Es geht einzig und allein um Zahlen, Daten und Fakten. Der Rationalisierer denkt über sich selbst:

- Ich weiß, dass ich recht habe.
- Ich habe die Wahrheit für mich gepachtet.
- Ich kenne mich aus.
- Du brauchst mir keine Lügen zu erzählen.

Der übermäßig Rationale wirkt auf andere Menschen steif und unflexibel, wie festgezurrt steht er da. Meist liegen die Arme eng am Körper an oder sind verschränkt. Die Füße stehen eng beieinander, das Gesicht ist regungslos. Wer so tickt, vermittelt vor allem eines: Gefühle sind unerheblich, es geht schlichtweg nur um Objektivität. Fälschlicherweise wird eine solche Haltung oft mit Intelligenz verwechselt. Das liegt daran, dass eine derartige Haltung meist mit einer komplizierten Sprache einhergeht. Zu den Lieblingsfloskeln gehört unter anderem »Rein sachlich betrachtet …« Im Innern des Rationalisierers jedoch schlummern Verletzlichkeit und Gefühlsleere. Der Rationale beharrt auf seinem Standpunkt, weil er sich sicher fühlt, dass dies der einzig richtige ist, und der Konfliktpartner dies doch endlich erkennen müsste.

Ablenken

Die irrelevante Reaktion und das Ablenken werden oft mit Clownerie verwechselt. Typisch ist beim Ablenker eine Art von Albernheit. Wer so agiert, möchte gern von sich ablenken, und es gehen ihm die Ideen dafür niemals aus. Das, was er sagt, wirkt auf seine Gesprächspartnerinnen oft unverständlich. Zu sich selbst sagt er beispielsweise:

- Ich weiß da nicht weiter.
- Ich bin völlig verloren.
- Niemand hört mir wirklich zu.
- Keiner nimmt mich richtig wahr.

Solche Menschen sind ständig in Bewegung, wirken nach außen hin meist fröhlich und werden als kreativ wahrgenommen. Ihre Spontanität wirkt ansteckend, und durch ihre spielerische Lockerheit lösen sie spannungsreiche Situationen auf. Sie gelten als unterhaltsam, haben allerdings Schwierigkeiten, ihren Fokus konzentriert auf eine Sache zu richten. Wir beobachten eine verdrehte, verkrümmte und asymmetrische Körperhaltung, oft werden die Beine über Kreuz gestellt. Insgesamt machen solche Menschen einen hyperaktiven und ziellosen Eindruck, der durch einen verzogenen Gesichtsausdruck noch verstärkt werden kann. Im Innern sieht es ganz anders aus. Sie haben das Gefühl, nicht gesehen und nicht wahrgenommen zu werden. Sie denken »Ich muss stören, damit man mich sieht.«

Es gibt kaum jemanden, der dauerhaft und ausschließlich in einer einzigen dieser Haltungen verharrt. Ständige Veränderungen der inneren und äußeren Situation bewirken, dass immer wieder eine andere Methode der Bewältigung aktiviert wird, solange nicht gelernt wurde, sich kongruent zu verhalten.

Kongruent sein

Nach Virginia Satir ist Kongruenz ein Zustand der Ganzheit, der inneren und äußeren Übereinstimmung. Kongruentes Verhalten macht glaubwürdig. Verbaler und nonverbaler Ausdruck sind stimmig. Kongruenz wird unter anderem durch folgende innere Einstellungen charakterisiert:

- Jeder Mensch ist einzigartig.
- Daran zu glauben, dass jeder Mensch stets das Beste gibt, das ihm zu jedem Zeitpunkt möglich ist.
- Den Mut, seine eigenen Gefühle nicht zu verbergen, sondern offen zu zeigen.
- Die Bereitschaft, das Weltbild anderer Menschen anzuerkennen, auch wenn man damit nicht einverstanden ist.
- Veränderungen gegenüber flexibel und offen zu sein.

Die Körperhaltung des kongruent Agierenden ist symmetrisch. Verbale und nonverbale Äußerungen weisen in dieselbe Richtung, beide Ebenen der Botschaft bringen denselben Inhalt zum Ausdruck. Er wirkt ehrlich und authentisch auf sein Gegenüber. Kongruentes Verhalten drückt Empathie aus. Es gibt dir die Chance, von deinem Konfliktpartner als ehrlich und aufrichtig wahrgenommen zu werden.

So lässt du Konflikte gehen

Wir wissen bereits, wir wollen Konflikte weder managen noch lösen, sondern wir wollen sie einfach gehen lassen. Wenn uns das Gehenlassen nicht gelingt, folgen Probleme. Diese müssen dann gelöst werden, wie zum Beispiel durch Sorgerechtsvereinbarungen, Grenzziehungen oder andere festgelegte verbindliche Verhaltensweisen. Der Konflikt bleibt trotz Problemlösung weiterhin vorhanden.

Konflikte gehören geheilt. Dazu bedarf es einer bestimmten Sichtweise, eines bestimmten Umgangs und einer gewissen Sorgfalt, um den Heilungsprozess zu initiieren und zu betreuen, bis der Konflikt gegangen ist. Diesen Themen widmen wir uns in diesem Kapitel. Viele Menschen leiden darunter, nicht mutig genug zu sein, um zu widersprechen, unangenehme Themen oder Grenzüberschreitungen anzusprechen. Sie halten sich um des lieben Friedens willen zurück, trauen sich nicht, zu ihrer Meinung zu stehen, und geben stets nach. Im Nachhinein grübeln sie darüber, wie sie sich anders hätten verhalten können.

Wann ist ein Konflikt gegangen?

Beginnen wir mit der Fragestellung, wann ein Konflikt gegangen ist. Wie könntest du bemerken, dass der Konflikt weg ist? Woran könntest du dies festmachen? Deine Antwort auf diese Frage würde vielleicht lauten, wenn mein Ärger verschwunden ist, oder wenn ich keine Angst mehr vor den Folgen des Konflikts habe. Das sind sicherlich gute Anzeichen dafür, dass der Konflikt gegangen ist. Dahinter steckt jedoch, dass das Kriterium des Werts, das verletzt wurde, jetzt nicht mehr verletzt wird. Wenn das Kriterium für Anerkennung vielleicht war, dass du von anderen anerkannt wirst, und das ist jetzt der Fall, dann ist der Konflikt gegangen. Deine Wahrnehmung über das Verhalten der anderen Person hat sich verändert, du kannst in seinem Verhalten, wie zum Beispiel ein kurzes Lächeln, nun als Anerkennung bewerten. Du könntest jedoch auch das Kriterium des Werts Anerkennung abändern, indem du es neu definierst, wie etwa: »Anerkennung ist für mich gegeben, wenn ich meine Arbeit schätze.« Damit kannst du dich selbst anerkennen, indem du deine Arbeit wertschätzt. Das ist deine Entscheidung. Hast du diese Entscheidung getroffen, dann ist der Konflikt ebenfalls gegangen. Das Kriterium, das verletzt wurde, existiert nicht mehr, es wurde durch ein anderes ersetzt

Du hast also zwei Möglichkeiten: Entweder erreichst du, dass das verletzte Kriterium durch Verhaltensveränderung eben nicht mehr verletzt wird, oder du veränderst das verletzte Kriterium, sodass es nicht mehr existiert und durch ein geeigneteres Kriterium ersetzt wird. Diese beiden Möglichkeiten kannst du sowohl bei dir als auch bei deinem Konfliktpartner umsetzen. Es macht also immer Sinn zu überprüfen, und zwar bei allen Beteiligten, um welches Wertekriterium, das gerade verletzt wird, es in Wirklichkeit geht. Das gewünschte Ergebnis ist somit unser Startpunkt: Ein Konflikt ist geheilt, wenn das Kriterium des verletzten Werts wieder erfüllt wird.

Wahrnehmungen neu bewerten

Ich erinnere mich gut an den Tag, als mein Vater den ersten Farbfernseher nach Hause brachte. Eine riesengroße, schwere Kiste mit einer nach vorn gewölbten Bildröhre. Rechts daneben eine Reihe von Drehknöpfen, unter anderem einen für die Bildhelligkeit, den Kontrast und die Farbsättigung. Für jeden von uns ergab eine andere Kombination dieser Einstellungen das »bessere« Bild. Mehr Helligkeit und mehr Kontrast mit geringerer Farbsättigung empfand ich, im Gegensatz zu meiner Familie, am angenehmsten. Unterschiedliche Kombinationen dieser Einstellmöglichkeiten machten das Bild in unserer Bewertung entweder schlechter oder besser, unangenehmer oder angenehmer, uninteressanter oder interessanter.

Stelle dir vor, du könntest die Bewertung deiner Wahrnehmungen verändern, indem du an Knöpfen drehst. Rufe dir ein Bild, eine visuelle Erinnerung eines schönen Urlaubs auf, und mach dieses Bild noch heller und farbenfroher. Was passiert? Die meisten Menschen empfinden hellere Bilder als angenehmer, sie reagieren stärker darauf. Manche zeigen jedoch auf dunklere Bilder eine stärkere Reaktion. Die Reaktion eines Menschen ist individuell und ausschließlich subjektiv.

»Drehe« an den Reglern des Bildes,
das du gerade aus deinem Museum
der Erinnerungen aufgerufen hast,
und beobachte, wie dieses Bild für dich
interessanter wird, und wie nicht.

Interessanter heißt, dass deine positiven Emotionen, die diese Erinnerungen betreffen, stärker werden. Du empfindest vielleicht mehr Freude und stärkere Glücksgefühle, obwohl es bloß eine Erinnerung ist, an der du drehst. Genauso kannst du die Regler so verstellen, dass das Bild dieser Erinnerungen für dich uninteressanter wird. Probiere dies jetzt aus, um den Unterschied zu bemerken. Mache das Bild zum Beispiel komplett schwarz und überprüfe, wie es sich jetzt anfühlt. Nun bringe alle Regler wieder so in Position, dass sich das Bild deiner Erinnerung am besten anfühlt.

Mit dieser einfachen Übung kannst du die Bewertung deiner Erinnerungen verändern. Du kannst sie mehr oder weniger emotional machen, bedeutsamer oder unbedeutender, je nachdem, wie du es möchtest. Neben den eben genannten Parametern gibt es noch viele weitere, mit denen du die Bewertung einer visuellen Erinnerung verändern kannst. Das sind zum Beispiel: Größe des Bildes, Position, Entfernung, Klarheit, Schärfe, Bewegung, Blickwinkel, Verhältnis von Höhe zu Breite, Körnigkeit, Auflösung, mit oder ohne Rahmen, oder ob du dich selbst in diesem Bild siehst oder ein Beobachter des Bildes bist.

Erinnerungen bestehen nicht nur aus Bildern, sondern ebenso aus Tönen und Geräuschen, Empfindungen, Gerüchen und Geschmäckern. Diese haben ebenso unterschiedliche Parameter, deren Veränderung dazu führt, dass die Erinnerungen angenehmer oder unangenehmer werden.

Bei Tönen und Geräuschen, also bei auditiven Wahrnehmungen, könntest du unter anderem die Tonhöhe, die Lautstärke, die Entfernung, die Richtung, den Rhythmus, die Klangfarbe und die Dauer verändern. Zu den kinästhetischen Empfindungen gehören erstens sensorische Empfindungen auf der Haut, wie Berührungen oder Druck, zweitens propriozeptive Empfindungen, das sind Rückmeldungen der Muskulatur und andere körperinterne Wahrnehmungen, zum Beispiel Schmerzen, und drittens Meta-Empfindungen, das sind abgeleitete Empfindungen über Gefühle, die etwa im Brustbereich auftreten können, wenn sich jemand über etwas sehr ärgert oder gekränkt ist. Bei kinästhetischen Empfindungen, zu denen wir Geruch und Geschmack hinzunehmen können, könntest du den Ort der Empfindung, den Druck, die Temperatur, die Bewegung, die Intensität und die Umrissgestalt, eckig, spitz oder rund, verändern. Vielleicht wird nicht jede Veränderung dieser sogenannten Submodalitäten die Erinnerung angenehmer oder unangenehmer machen, doch mit Sicherheit wird es einzelne Submodalitäten geben, die die Erinnerung massiv verändern, und sie deutlich merkbar in Richtung angenehmer oder unangenehmer verschieben. Du veränderst deine subjektive Wahrnehmung, und zwar verzögerungsfrei, sofort und in der Sekunde.

Ich erinnere mich gut an meinen ersten Marathonlauf beim Vienna City Marathon im Frühjahr 2018, bei dem ich diese Methode der Veränderung von Submodalitäten angewandt habe. 42,195 km zu laufen war für mich eine der größten körperlichen Herausforderungen, der ich mich jemals gestellt habe. Wie kann ich es schaffen? Diese Frage stellte ich mir oft. Selbstverständlich trainierte ich ein Jahr auf dieses Ziel hin und baute meine Ausdauer und meine Muskulatur aus. Das war mir jedoch zu wenig. Ich entwickelte zusätzlich folgende einfache mentale Strategie: Erstens, ich muss nur einen Schritt vor dem nächsten machen, und dies so oft hintereinander, bis ich die Ziellinie überschritten habe. Zweitens, ich verändere meine visuelle Wahrnehmung, und beobachte mich dabei, wie ich laufe, und feuere mich dabei an. Drittens, sobald Schmerzen auftreten, kühle ich diese gedanklich ab, mache sie rund und immer kleiner, bis sie weg sind. Kommt der Schmerz wieder (was oft der Fall war), wiederhole ich diese Schritte. Es hat perfekt funktioniert und hat mir bewiesen, wie mächtig diese Methode ist.

(**Anmerkung**: Hast du Schmerzen oder andere körperliche Beschwerden, dann musst du einen Arzt oder das Krankenhaus aufsuchen!)

Mit der Technik der Veränderung der Submodalitäten bist du nun in der Lage, die Bewertung deiner Wahrnehmungen zu verändern, und zwar bewusst. Du bist selbst in der Lage zu bestimmen, wie es dir geht, ob du etwas als angenehm oder als unangenehm einstufst. Du erinnerst dich: Jeder Konflikt ist ein innerer Konflikt, weil die Bewertung einer deiner Wahrnehmungen zumindest ein Kriterium deiner Werte verletzt. Diese Verletzung kannst du nicht zulassen, gehst damit in Auseinandersetzung, indem du dich verteidigst, den vermeintlichen Konfliktpartner angreifst oder dich zurückziehst, weil du nicht sicher bist, was du tun sollst. Der Konflikt nagt in dir, da eine Wertverletzung eine Verletzung ist, die schmerzt. Veränderst du jetzt die Bewertung deiner Wahrnehmung und machst diese entweder unbedeutend oder angenehmer für dich, dann gibt es auch keinen Konflikt.

Jedoch ist Vorsicht geboten: Machst du alle deine Wahrnehmungen unbedeutend, dann kann es leicht sein, dass du als arrogant oder gefühlskalt wahrgenommen wirst, dass du abstumpfst und dir deine Umwelt gleichgültig wird. Machst du alle deine Wahrnehmungen angenehm für dich, besteht die Wahrscheinlichkeit, Gefahren als solche nicht mehr zu erkennen oder sie zu übersehen. Das willst du beides selbstverständlich nicht.

» *Was du jedoch möchtest, ist zwischen deiner Wahrnehmung und deiner Bewertung deiner Wahrnehmung eine kurze Pause, eine Unterbrechung, einzuhalten.*

Das gibt dir Zeit, darüber nachzudenken und zu entscheiden, wie du die Wahrnehmung bewerten möchtest. Das Verhalten anderer Menschen dir gegenüber hat immer viel mehr mit dem anderen Menschen zu tun als mit dir. Du kannst auch nicht Gedanken lesen, du weißt nicht, was in der anderen Person vorgeht. Du bist deinem Museum der Erinnerungen, in dem deine Reaktionen in unterschiedlichen Situationen als Programme abgespeichert sind, und deiner Umgebung nicht mehr emotional hilflos ausgeliefert. Ab jetzt steuerst du dein Gehirn. Du kannst überlegen, ob und welcher deiner Werte gerade verletzt wird. Du kannst dein Verhalten bestimmen.

Ich erinnere mich gut an meinen ersten Chef in einem großen Konzern. Er war stets in Eile, sehr korrekt und kaum erreichbar. Sein Gesichtsausdruck war meist sehr ernst. Das machte es mir anfangs schwer, mit ihm in Kontakt treten zu wollen, ich fühlte mich unsicher. Hätte ich die Methode der Submodalitäten schon damals gekannt, hätte ich das ziemlich dunkle Bild, das ich von ihm hatte, etwas verändert: Ich hätte es aufgehellt und somit angenehmer und weniger bedrohlich für mich gemacht. Das damalige Kriterium meines Wertes Anerkennung, nämlich von anderen freundlich behandelt zu werden, wäre weniger verletzt gewesen. Ich hätte mich eher getraut, zu jeder Zeit mehr mit ihm in Kontakt zu treten. So dauerte es allerdings einige Jahre zu erkennen, dass er nicht unfreundlich war, sondern sein Gesichtsausdruck ein Zeichen von Aufmerksamkeit und Konzentration war, indem ich die Bewertung meiner Wahrnehmung von »unfreundlich« auf »aufmerksam« veränderte.

Den Blickpunkt wechseln

Erinnere dich an einen Streit, den du mit jemanden hattest, und bei dem du sicher warst, recht zu haben. Lasse diesen Streit in Form eines Films in deinem Gehirn ablaufen. Lass ihn so ablaufen, wie du dich erinnerst. Gut. Jetzt möchte ich, dass du genau denselben Streit noch mal ablaufen lässt, aber du schaust beim Ablauf des Films über die Schulter der anderen Person, und zwar so, dass du dich selbst siehst, während der Streit stattfindet. Schau dir den Film vom Blickpunkt deines Konfliktpartners aus an. Macht das einen Unterschied? Vielleicht ändert sich bei dir nicht viel, bei vielen anderen kann dies jedoch einen riesigen Unterschied ausmachen.

Möglicherweise bist du dir gar nicht mehr so sicher, recht gehabt zu haben. Vielleicht bist du überrascht über deinen harschen Ton, über deinen aggressiven Gesichtsausdruck und über deine bedrohliche Körperhaltung. Vielleicht fragst du dich jetzt, ob es nicht einen anderen, besseren Weg gegeben hätte, deine Meinung zu äußern. Vielleicht bemerkst du, wie wütend du warst und nichts mehr Konstruktives sagen konntest. Möglicherweise hast du jetzt das Bedürfnis entwickelt, die andere Person um Entschuldigung zu bitten.

Wir sprechen von Sichtweisen und von Standpunkten. Gerade bei Streitigkeiten, Auseinandersetzungen und Konflikten beharren wir auf unserem Standpunkt. Wir sind der Meinung, unsere Sichtweise wäre die einzig richtige. Der andere sollte doch nun endlich einsehen, dass er unrecht und ich recht habe. Das Wechseln von Sichtweisen und Standpunkten ist einfach, wie dir voriges Beispiel gezeigt hat. Du kannst in jeder Situation jeden beliebigen Standpunkt einnehmen und die Perspektive wechseln. Du kannst eine Sache von jedem beliebigen Punkt aus in einem Raum betrachten. Du kannst einen Streit als neutraler Beobachter von der Seite ansehen oder aus der Vogelperspektive beobachten. Du kannst dich in die Position eines kleinen unbedarften Kindes begeben oder den Blickwinkel eines alten, weisen Menschen einnehmen. Betrachtest du dein Problem aus dem Weltall, dann wird es dir nur mehr als kleiner unbedeutender Punkt vorkommen.

Die Zeit heilt alle Wunden. Dieses Sprichwort kennst du sicher. In vielen Fällen trifft es auch zu. Wie klein und lächerlich erscheinen Probleme, wenn du nach Jahrzehnten darauf zurückblickst. Das wirft die Frage auf, was sich in der Zwischenzeit verändert hat, wenn du dann darüber lachen kannst. Warum aber Jahrzehnte warten, bis du darüber lachen kannst? Warum nicht gleich? Die Antwort findest du in den Submodalitäten der Bewertung deiner Wahrnehmung, die sich im Laufe der Jahre verändert. Du hast mehr Abstand, das Bild ist kleiner geworden. Überprüfe, welche weiteren Eigenschaften ein Bild einer Erinnerung an einen jahrelang zurückliegenden Streit hat, der dir heute mehr als lächerlich vorkommt? Überprüfe Kontrast, Helligkeit, Sättigung, Rahmung, Größe und Position des Bildes. Nimm diese Submodalitäten und wende sie schlagartig auf das Bild einer aktuellen Auseinandersetzung an, und in der Sekunde hat sich deine Bewertung verändert. Nun kannst du darüber lachen, nimmst es locker und, das Wichtigste, du findest sofort ein paar gute Ideen, den Konflikt gehen zu lassen.

Warum also jahrelang warten, bis du dich besser fühlst? Warum jahrelang warten, wenn der Konflikt auch sofort wandelbar ist? Jetzt einfach tun.

Das Verhalten verändern

Wir haben uns bereits ausführlich über Werte und deren Kriterien unterhalten. Finden wir uns in einem Streit oder einem Konflikt wieder, dann ist zumindest eines der Kriterien eines uns wichtigen Werts verletzt. Die Bewertung unserer Wahrnehmung und das Kriterium eines Werts befinden sich im Widerspruch, sie sind im Konflikt. Das führt zur Verteidigung, zum Angriff oder zum Zurückziehen, Schweigen und Ertragen, je nachdem, wie du es von den wichtigen Bezugspersonen deines Lebens übernommen hast. Jedes dieser Verhaltensmuster ist schädlich für deine körperliche und mentale Gesundheit. Keines dieser Verhaltensmuster ist geeignet, einen Konflikt gehen zu lassen, oder die sich daraus ergebenden Probleme zu lösen. Das gilt für alle an einem Konflikt beteiligten Personen.

In diesem Kapitel möchte ich dir zeigen, wie du Verhalten verändern kannst, sowohl dein eigenes als auch das Verhalten der Konfliktpartner. In einem vorigen Kapitel hast du erfahren, wie du die Bewertung deiner Wahrnehmung zur Verhaltensveränderung nutzen kannst. Jetzt schauen wir uns gemeinsam an, wie du die Kriterien deiner Werte verändern kannst, um Verhaltensveränderungen schnell und einfach herbeizuführen.

Weder das Einfordern von Verhaltensveränderung noch das Bitten darum funktionieren. Wie oft hast du es schon versucht, deinen Partner und deine Partnerin dazu zu bewegen, mehr Ordnung zu halten, weniger zu rauchen, Sport zu treiben, mehr Rücksicht zu nehmen, mehr Zeit für die Familie zu finden und liebevoller zu sein? Wenn du eine Veränderung entdeckt hast, dauerte es entweder viele Jahre, bis es so weit war, oder das neue gewünschte Verhalten war nur von kurzer Dauer, eben nur so lange, solange sich die andere Person darum bemühte.

Das Initiieren dauerhaften und beständigen neuen Verhaltens funktioniert ausschließlich auf der Ebene der Werte, Glaubenssätze und Überzeugungen. Erinnere dich an die neurologischen Ebenen von Robert Dilts: Jedes Verhalten findet in einem bestimmten Kontext, in einer bestimmten Umgebung statt. Im Beruf verhältst du dich anders als zu Hause oder beim Sport. Du schreibst dir bestimmte Fähigkeiten zu, die du gut kannst. Du zeigst ein bestimmtes Verhalten nur dann, wenn du die entsprechenden und erforderlichen Fähigkeiten in dir siehst. Du wirst dich auch nur so verhalten, wie es zur Erfüllung deiner Werte, Glaubenssätze und Überzeugungen beiträgt. Ob ein Wert, Glaubenssatz oder eine Überzeugung erfüllt ist oder nicht, erkennen wir an den entsprechenden Kriterien, die jeweils damit verbunden sind. Jeder Mensch verhält sich stets so, dass er seine individuellen Kriterien erfüllt. Jeder Mensch verhält sich also immer nach seinen besten Möglichkeiten. Das bedeutet nicht, dass jedes Verhalten adäquat und gut ist. Es bedeutet auch nicht, dass wir jedes Verhalten tolerieren oder akzeptieren müssen oder dürfen. Es macht schlechtes, verletzendes oder gesetzesbrecherisches Verhalten nicht besser. Dennoch ist dieses Verhalten das Beste, zu dem dieser Mensch zu diesem Zeitpunkt im Stande ist. Es dient ihm zur Erfüllung seiner Wertekriterien.

Ist jemand mit dir in Konflikt, greift dich jemand an, macht dir jemand Vorwürfe oder legt dir lautstark und aggressiv Unstimmigkeiten am Arbeitsplatz zur Last, dann hat dies nichts mit dir zu tun, sondern »nur« damit, dass sich die andere Person in ihren Werten verletzt fühlt, mit sich selbst in einem inneren Konflikt ist, und daher dieses für dich inakzeptable Verhalten an den Tag legt. Ist dein Selbstwertgefühl ebenfalls schwach ausgeprägt, fühlst du dich verletzt, beginnt der Teufelskreis des Konflikts sich mit immer höherer Dynamik abwärtszudrehen. Bemerkst du dies, ändere sofort, wie oben beschrieben, die Bewertung deiner Wahrnehmung, um deinen inneren Konflikt gehen zu lassen. Die Methode der Submodalitäten gibt dir die notwendige Zeit, ruhig zu bleiben und gute Ideen zu entwickeln, das inakzeptable Verhalten der anderen Person für dich abzuwenden und dich durchzusetzen. Bemerkst du erst spät, wie mit dir umgegangen wird, bist du schon tief unten im Teufelskreis angelangt und deine Gefühle und Emotionen sind die meiste Zeit negativ, dann hole dir Hilfe, indem du dich an eine der in deinem Land für solche Fälle angebotenen Notrufnummern wendest.

Wenn du feststellst, dass du ständig in die gleichen oder in ähnliche Konflikte gerätst, mache dich auf die Suche nach Wertekriterien, von denen du meinst, dass sie andere erfüllen müssten, damit es dir gut geht. Du erinnerst dich an ein mögliches Kriterium für den Wert Anerkennung: »Nur wenn andere zu mir sagen, dass ich etwas gut gemacht habe, fühle ich mich anerkannt.« Dieses Kriterium wandelst du zum Beispiel in Folgendes um: »Ich erkenne selbst, wann ich etwas gut gemacht habe, und anerkenne mich selbst. Um stets realistisch zu bleiben, hole ich mir regelmäßig Feedback von anderen Personen ein.« Damit ist dein Selbstwertgefühl ein Stück weit gestiegen.

Das Gefühl,
einen Wert selbst erfüllen zu können,
nennt man Selbstwertgefühl.

Nehmen wir ein einfaches Beispiel, an dem wir die Kriterienhierarchie-Technik von Robert Dilts (siehe Dilts, Robert: Die Magie der Sprache, Seite 85 ff) anwenden: Du möchtest gern regelmäßig Sport treiben, es gelingt dir jedoch nicht. Du weißt zwar, dass es eine gute Idee wäre, dies zu tun, und auch deine Umgebung erklärt dir schon über viele Jahre immer wieder, dass du endlich etwas für deinen Körper machen solltest. Du willst, aber es funktioniert nicht, nach wenige Versuchen brichst du immer wieder ab.

Wie kannst du das neue gewünschte Verhalten dauerhaft herbeiführen? Dazu ist es notwendig, dass du dich fragst, welche Kriterien dich aus deinem Inneren motivieren würden, regelmäßig körperlich aktiv zu sein. Als Antwort darauf findest du vielleicht: »Ich möchte regelmäßig Sport machen, um gesund zu sein und um gut auszusehen.« Sehr gut, denn dieses Kriterium ist ausschließlich selbstmotiviert, es ist für dich selbst, und du kannst es selbst erfüllen. Überlege als Nächstes, was dich davon abhält, das körperliche Training in die Tat umzusetzen. Was sind die dir im Weg stehenden Kriterien, welche Ressourcen fehlen dir? Du sagst vielleicht: »Ich treibe nicht regelmäßig Sport, weil ich keine Zeit dafür habe und weil es Schmerzen verursacht.« Welcher deiner Werte könnte nun dieses einschränkende Kriterium außer Kraft setzen? Du könntest dich fragen, was so wichtig für dich ist, dass du dir dafür immer Zeit nehmen würdest, selbst dann, wenn es mit Schmerzen verbunden ist. Welcher Wert rechtfertigt es, dies wichtiger zu nehmen als alles andere? Dieser Wert könnte zum Beispiel »Verantwortung für meine Familie tragen« sein. Um »Verantwortung für meine Familie tragen« zu erfüllen, legst du als Kriterium fest, dich gut zu fühlen, gesund und sportlich zu sein. Dieses neue Kriterium setzt das gewünschte Verhalten, regelmäßig Sport zu betreiben, in Kraft. Visualisiere, gesund zu sein und gut auszusehen. Verändere die Submodalitäten dieses Bildes, damit es für dich noch attraktiver aussieht. So kannst du noch besser Verantwortung für deine Familie übernehmen. Erforsche nun die Möglichkeiten für ein umfassendes Sportprogramm mit möglichst geringem Zeitaufwand und wenig Schmerzen.

Du siehst, die Veränderung von Kriterien auf Wertebene induziert das gewünschte Verhalten, auch wenn vordergründig noch alles dagegensprechen würde. Aus diesem Grund ist es so wichtig, die Werte, Kriterien und Absichten deines Gegenübers zu ergründen. Du bist dann in der Lage, Werte und Kriterien ins Gespräch zu bringen, die bei ihm jenes Verhalten auslösen, das du möchtest, und gleichzeitig seine Werte und Absichten erfüllt.

Verhalten ist der Ausdruck innerer Haltung. Verhalten veränderst du nur durch Veränderung der inneren Haltung – sowohl bei dir als auch bei deinem Gegenüber.

Sieben Schritte zum Gehenlassen der Konflikte

Ich möchte dir an dieser Stelle sieben Schritte an die Hand geben, wie du Konflikte gehen lassen kannst. Wir unterscheiden zwei Möglichkeiten: Erstens, du empfindest einen Konflikt und möchtest diesen ansprechen, und zweitens, du wirst darauf angesprochen, dass ein Konflikt besteht.

Du empfindest einen Konflikt und möchtest dein Gegenüber darauf ansprechen:

- Benenne deine Gefühle und deine Wahrnehmung, mache sie dir bewusst. Frage dich, wie du dich fühlst und welcher deiner wichtigen Werte verletzt wird, wie zum Beispiel: »Ich bin traurig, denn ich fühle mich hintergangen.« Überlege, wie du dein Selbstwertgefühl heben könntest, indem du deine Bewertung deiner Wahrnehmung veränderst und dich vom Verhalten der anderen Person unabhängig machst. Sei dir klar, was du möchtest, wie etwa Ehrlichkeit, und was deine Kriterien dafür sind, die du erfüllen kannst.

- Gehe mit der anderen Person in Rapport, indem du die verbalen und nonverbalen Kommunikationsmuster imitierst. Du passt dich an Körperhaltung, Bewegungen, Atemfrequenz, Wortwahl, Sprechgeschwindigkeit etc. deines Gegenübers an. Du hast ehrliches Interesse, das Museum der Erinnerungen der anderen Person kennenzulernen, weil du weißt, dass dessen Verhalten dort »abgespeichert« ist und es nichts mit dir zu tun hat. Die andere Person tut das ihr Bestmögliche, auch wenn es für dich nicht genug ist und du dich verletzt fühlst, weil deine Erwartungen nicht erfüllt werden.
- Sprich die andere Person an, indem du ausschließlich auf deine Wahrnehmung Bezug nimmst: »Ich bin traurig, denn ich fühle mich hintergangen.«
- Warte die Reaktion deines Gegenübers ab. Kommt keine oder eine abweisende Reaktion, dann lass die andere Person wissen, dass du das Thema demnächst wieder ansprechen wirst, indem du sagst: »Ich werde dich demnächst wieder darauf ansprechen.« Bleibe beharrlich, bis es zu einem Gespräch kommt.
- Sage der anderen Person, dass Ehrlichkeit für dich ein hoher Wert ist: »Ich möchte nur mit jemanden mein Leben verbringen, der ebenfalls ehrlich ist. Aktuell habe ich das Gefühl, dass dies nicht der Fall ist, liege ich da richtig? Woran kann ich erkennen, dass ich richtig oder falsch liege?« Je höher dein ehrliches Interesse an der Antwort ist, desto ehrlicher wird die Antwort ausfallen.
- Frage die andere Person: »Wie geht es dir damit? Ist dir Ehrlichkeit nicht auch besonders wichtig? Möchtest du ehrlich zu anderen Menschen sein, um ein glückliches Leben führen zu können?« Du bringst das Kriterium für Ehrlichkeit auf Werteebene ins Gespräch.
- »Wie kann ich erkennen, dass du ehrlich bist? Wie wirst du dich verhalten?«, fragst du zum Abschluss, um eine Vereinbarung zu erzielen, die den Konflikt gehen lässt.

Du wirst auf einen Konflikt angesprochen, indem jemand zu dir sagt: »Ich bin traurig, denn ich fühle mich von dir hintergangen.« Wir gehen davon aus, dass die Person falsch liegt, sie nicht hintergangen wird.

- Gehe mit der anderen Person in Rapport, indem du die verbalen und nonverbalen Kommunikationsmuster imitierst. Du passt dich an Körperhaltung, Bewegungen, Atemfrequenz, Wortwahl, Sprechgeschwindigkeit etc. deines Gegenübers an. Du hast ehrliches Interesse, sein oder ihr Museum der Erinnerungen zu ergründen, weil du weißt, dass dessen Verhalten dort »abgespeichert« ist und es nichts mit dir zu tun hat. Die andere Person tut das ihr Bestmögliche.
- Deine Reaktion auf die Aussage »Ich bin traurig, denn ich fühle mich von dir hintergangen« lautet: »Wie darf ich das verstehen, wie kommst du darauf?«
- Lasse dir erklären, wie die andere Person zu dieser Einschätzung kommt. Stelle dann ausschließlich Verständnisfragen.
- Frage nach: »Wie weißt du, dass Ehrlichkeit für dich gegeben ist?« Überprüfe, ob die Kriterien, die für Ehrlichkeit genannt werden, von der Person selbst erfüllt werden können, oder ob andere ein bestimmtes Verhalten zeigen müssen und somit eine Abhängigkeit gegeben ist.
- Frage nach: »Woran würdest du erkennen, dass ich ehrlich zu dir bin?« Lass dir konkrete Verhaltensweisen nennen, die der anderen Person Sicherheit geben würden. Überlege, ob du bereit bist, das eingeforderte Verhalten zu zeigen, und ob es zu deinen Werten passt.
- Unterstütze die andere Person dabei, ihre Kriterien für Ehrlichkeit so umzuformulieren, dass sie diese sich selbst erfüllen kann. Die gefühlte Abhängigkeit und der Konflikt können dann gehen.

Du wirst auf einen Konflikt angesprochen, indem jemand zu dir sagt: »Ich bin traurig, denn ich fühle mich von dir hintergangen« und diese Person liegt mit ihrer Einschätzung richtig. In diesem Fall möchte ich dir raten, ehrlich zu sein:

- Gehe mit der anderen Person in Rapport, indem du die verbalen und nonverbalen Kommunikationsmuster imitierst. Du passt dich an Körperhaltung, Bewegungen, Atemfrequenz, Wortwahl, Sprechgeschwindigkeit etc. deines Gegenübers an.
- Sage: »Dein Gefühl stimmt. Ich bin nicht ehrlich zu dir gewesen. Ich kann verstehen, wie du dich fühlst.«
- Frage die andere Person: »Wie wollen wir mit dieser Situation umgehen?« Lass dir genau erklären, wie es der anderen Person damit geht und wie deren Vorstellungen sind.
- Entsprechen deren Vorstellungen den deinigen, bist du auf einem guten Weg. Ist dies nicht der Fall, frage nach den Absichten. Sagt dein Gegenüber zum Beispiel: »Die Kinder bleiben bei mir«, dann frage nach: »Was beabsichtigst du damit, dass die Kinder bei dir bleiben? Wie soll ich das verstehen?« Bleibe bei Wie-Fragen, um ein besseres Verständnis zu erlangen.
- Versuche, so viel wie möglich über die Absichten der anderen Person zu erfahren, indem du fragst: »Was möchtest du? Was ist dir wichtig? Was willst du damit erreichen?«
- Achte darauf, dass die Absichten der anderen Person mit deinen Absichten in Deckung gebracht werden. Gemeinsame Absichten verbinden.
- Finde Wege, um die gemeinsamen Absichten gut zu erfüllen. Werden deine Wertekriterien und jene der anderen Person erfüllt, dann ist der Konflikt gegangen. Das ist das Ziel.

Gehe bei jedem Gespräch in Rapport mit deinem Gegenüber.

- Die Erfüllung der eigenen Werte macht für jeden Menschen Sinn, auch wenn dies für andere nicht nachvollziehbar ist.
- Jeder Mensch tut immer das ihm Bestmögliche, auch wenn dies für andere nicht so aussieht.
- Sei dir deiner Werte und der entsprechenden Kriterien bewusst, die zur Erfüllung deiner Werte dienen. Stelle sicher, dass du deine Wertekriterien so gut wie möglich selbst erfüllen kannst.
- Du kannst ausschließlich das Verhalten anderer beobachten, jedoch nicht wissen, was sie denken. Gedankenlesen gibt es nicht.
- Hinter jedem Verhalten verbirgt sich eine Absicht, die mit dem jeweiligen Verhalten befriedigt werden soll.
- Sprich jedes Verhalten, dass dich stört, schnellstmöglich an. Kritisiere ausschließlich das beobachtete Verhalten.
- Stelle Wie-Fragen, um Verständnis für die andere Person zu erlangen, auch und gerade dann, wenn du mit ihrem Verhalten nicht einverstanden bist.
- Vermeide Wörter wie »immer«, »dauernd«, »nie« o. Ä. Allgemeine Generalisierungen dieser Art sind immer unzutreffend.
- Wirst du mit Aussagen konfrontiert, die ein »immer«, »dauernd«, »nie« o. Ä. enthalten, dann frage: »Wie meinst du immer?« »Wie dauernd?« »Wie nie?« Auch hier setzt du die Wie-Frage ein, um zu hinterfragen und Verständnis zu erlangen.
- Vermeide Verneinungen, verwende weder »nicht« noch »keine«, sondern formuliere, was du wirklich möchtest. Wenn jemand zu dir sagt: »Ich möchte nicht mehr so benachteiligt sein«, dann frage: »Was möchtest du stattdessen?« Das bringt dein Gegenüber zum Nachdenken und schafft Klarheit.

- Wirst du mit einer Aussage konfrontiert, mit deren Inhalt du nicht einverstanden bist, gehe sofort auf die Meta-Ebene und frage: »Wie kommst du darauf?«, anstatt inhaltlich dagegen zu argumentieren.

Jede Absicht einer Person kann durch unterschiedliche Wege, sprich Verhaltensweisen, befriedigt werden. Erst durch das Erkennen der Absicht können unterschiedliche Wege besprochen und verhandelt werden. Bleibt die Absicht unerkannt, stehen die Standpunkte im Vordergrund, die unverrückbar erscheinen.

Deine Familie kannst du dir nicht aussuchen

Deine Familie ist ein Konstrukt der Gesellschaft, in das du hineingeboren wurdest. Mutter, Vater, Großeltern, eventuell gibt es Geschwister, Tanten und Onkel und weitläufige Verwandte. Was dich mit ihnen vereint, sind genetische Merkmale, die sich zum Beispiel durch äußeres Aussehen bemerkbar machen. Aus jüngsten Forschungen zur Epigenetik wissen wir, dass auch Erfahrungen und Einstellungen vererbt werden können. Darunter fallen traumatische Ereignisse, die vielleicht die Großeltern im Krieg erleben mussten – bei den Enkelkindern fällt auf, dass diese einen gewissen Hang zur Schwermut zeigen. Du kennst das vielleicht aus eigener Erfahrung. Da sagt jemand zu dir: »Du benimmst dich wie deine Großmutter«, obwohl du diese nur in deinen jüngsten Lebensjahren zu Gesicht bekommen hast. Familie und Generationen vor dir sind somit mehr als nur unfreiwillig zugeteilte Verwandte, sie sind ein Teil von dir.

Streitigkeiten und Konflikte unter Familienmitgliedern können daher mitunter besonders schmerzen, da etwas Ganzes zerrissen werden könnte. Kinder erleben ihre Eltern bei aufrechter Partnerschaft ebenfalls als Einheit, und Trennung stellt für sie in vielen Fällen eine massive Überforderung dar. Wie können wir Konflikte zwischen Familienmitgliedern gehen lassen, und wie können wir Partnerschaften stärken, anstatt sie zerbrechen zu lassen? Antworten wollen wir in diesem Kapitel finden.

Streit in der Familie

»Warum trägst du nie den Müll runter?« »Dein dauerndes Zeitunglesen nervt.« »Wann hast du endlich wieder einmal Zeit für mich?« So oder so ähnlich mögen Vorwürfe klingen, die gegeneinander erhoben werden. Sehen wir uns genauer an, wie diese Vorwürfe formuliert sind, stellen wir fest, dass es sich um unerfüllte Erwartungshaltungen, die an die Partnerin oder den Partner gestellt werden, handelt. Die eine Person verlangt etwas, das die andere nicht erfüllt. Es handelt sich nicht um irgendeinen Wunsch, sondern es geht um das Erfüllen der eigenen Werte, wofür die andere Person gebraucht wird, weil eben die Kriterien dieser Werte so definiert sind: Wertschätzung ist zum Beispiel nur dann erfüllt, wenn die andere Person den Müll runterbringt. Klingt grotesk, ist jedoch in vielen Fällen leider so. Partner fühlen sich voneinander abhängig. Das führt zum gegenseitigen Einfordern. Wird den Forderungen nicht nachgekommen, folgen Vorwürfe, Streit und möglicherweise Trennung. Jetzt entgegnest du vielleicht, dass in vielen Partnerschaften das Ehegelöbnis abgelegt wurde, bei dem versprochen wird, sowohl in guten als in schlechten Zeiten füreinander zu sorgen. Ja, das stimmt. Es geht um ein Füreinander-Sorgen, jedoch nicht darum, voneinander abhängig zu sein oder sich so zu fühlen.

Ich lade dich ein, ab sofort zwischen einem alten und einem neuen Muster, wie mit Konflikten dieser Art umgegangen werden kann, zu unterscheiden.

- *Altes Muster:* Beginnt ein Partner mit Vorwürfen, dass der andere etwas getan hat oder etwas unterlassen soll, so folgen darauf meist Gegenvorwürfe:
  - Du hast schon wieder nicht den Müll runtergebracht!
  - Du bist in letzter Zeit immer so unfreundlich zu mir.

- Du tust ja auch nie etwas im Haushalt, wie soll ich da freundlich sein.
- Lass mich in Ruhe mit deinen ewigen Anschuldigungen.

Ich bin sicher, du kannst dir vorstellen, wie Gespräche dieser Art verlaufen. Ein Teufelskreis entsteht, die Stimmung wird zusehends gereizter und schlechter. Schauen wir uns an, wie das Gespräch auf eine bessere und angenehmere Art und Weise verlaufen könnte.

- *Neues Muster:* Ein Partner beginnt mit dem Vorwurf, dass der andere etwas nicht getan hat oder etwas unterlassen soll.
  - Du hast schon wieder nicht den Müll runtergebracht.
  - Wie meinst du schon wieder nicht?
  - Der Dreck steht hier noch herum?
  - Wie wichtig ist es für dich, dass ich den Müll entsorge? Wie könnten wir bei der Aufteilung der Hausarbeit eine für uns beide zufriedenstellende Lösung finden?
  - Gute Idee, das sollten wir endlich ausmachen.

Gehe niemals gleich in eine direkte inhaltliche Konfrontation, sondern hinterfrage, wie die Person zu ihrer Wahrnehmung oder zu ihrer Meinung gekommen ist. Damit vermeidest du ein Hickhack, Rechtfertigungen und weitere Anschuldigungen und bringst das Gespräch auf eine Ebene, die den Konflikt gehen lassen kann.

Trennung & Scheidung

Bei Trennungen und Scheidungen kommt es oft zu einem Gezerre über die Aufteilung der gemeinsamen Güter und der Sorgerechte für die gemeinsamen Kinder. Das ist verständlich, da sich zumindest eine der beiden Personen gekränkt fühlt, weil sie womöglich hintergangen oder betrogen wurde. Das Gesprächsklima ist vergiftet, man geht einander aus dem Weg, obwohl man gerade jetzt sehr viel zu besprechen und zu regeln hätte. Der Schmerz der Trennung soll idealerweise so schnell wie möglich wieder gehen, um sich im Leben neu orientieren zu können. Der Schmerz kann jedoch erst gehen, wenn der damit verbundene Konflikt geht.

- *Altes Muster:* Die Konfliktparteien beharren auf ihren Standpunkten, wie:
  - Du hast mich betrogen, ich bekomme die Kinder.
  - Das sind meine Forderungen, die du zu erfüllen hast.
  - Wenn du dich nicht an die Abmachungen wie die Unterhaltszahlungen hältst, verklage ich dich.
  - Ich bekomme das Haus, nicht du!

Standpunkte werden direkt oder über Anwälte ausgetauscht, nichts geht weiter, beide Seiten fühlen sich schlecht und unfair behandelt.

- *Neues Muster:* Die beiden Konfliktparteien entwickeln Neugierde darüber, wie der Konflikt aus Sicht der anderen Person am besten gehen könnte. Es geht jedoch nicht um Standpunkte, sondern um Absichten. Gehen die Emotionen sehr hoch, sollte ein Moderator hinzugezogen werden:
  - Du hast mich betrogen, ich bekomme die Kinder.

Was möchtest du damit erreichen, wenn du die Kinder bekommst? Wäre es nicht für die Kinder am besten, wenn sie von uns beiden betreut werden? Wie siehst du das?

- Oder: Das sind meine Forderungen, die du zu erfüllen hast?
  Welche dieser Forderungen ist besonders wichtig für dich, und was bedeutet sie für dich? Wie wird die Erfüllung dein weiteres Leben verändern?
- Oder: Wenn du dich nicht an die Abmachungen wie die Unterhaltszahlungen hältst, verklage ich dich.
  Wie willst du jetzt schon wissen, dass ich mich nicht daran halten würde? Das finanzielle Wohl der Kinder ist mir wichtig.
- Oder: Ich bekomme das Haus, nicht du!
  Wie kommst du zu dieser Einschätzung? Wie wichtig ist das Haus für dich?

Die Kunst liegt darin, zu hinterfragen und verstehen zu wollen. Erst wenn du verstehst, um was es der anderen Person wirklich geht, welche Absichten sie verfolgt, können Möglichkeiten in beiderseitigem Interesse entdeckt werden, um diese zu erfüllen. Dann ist der Konflikt gegangen.

Erbschaftskonflikte

Wenn es darum geht, Wertgegenstände, Vermögen und Immobilien zwischen den Hinterbliebenen aufzuteilen, kann es sehr schnell zu Auseinandersetzungen kommen. Jede und jeder möchte gerecht behandelt werden, um die bisweilen erlebten Ungerechtigkeiten des Erblassers auszugleichen. Schwelende Konflikte zwischen dem verstorbenen Elternteil und den Kindern kommen nochmals zum Ausbruch, um das zu bekommen, was man möchte.

- *Altes Muster:* Jeder der Erben weiß genau, welches Erbe ihm zusteht. Er kann die Gründe dafür genau angeben, auch wenn es sich dabei um Gedankenlesen der Verstorbenen handelt: »Die Mama wollte sicher, dass ich die Wohnung bekomme.« Wie auch immer, die Erbstücke müssen finanziell bewertet werden, und das Mindesterbe je nach Verwandtschaftsverhältnis berücksichtigt werden. Nicht alle Erben sind in der Lage, andere Erben finanziell auszugleichen. Somit gibt es ein Gezerre darüber, wie zu verteilen wäre. Je länger die Diskussion dauert, desto mehr verhärten sich die Fronten. Der Teufelskreis der Kommunikation dreht sich abwärts, bis nicht mehr miteinander gesprochen wird. Die Anwälte machen ihr großes Geschäft.
- *Neues Muster:* Die Erben erstellen gemeinsam eine Liste der Erbstücke und bewerten diese finanziell. Dazu kann auch ein Sachverständiger beauftragt werden. Jeder Erbe markiert unabhängig von den anderen jene Gegenstände und Immobilien, die ihm wichtig sind, zu denen er einen besonderen Bezug hat. Er soll sagen, wie sehr es ihm wichtig wäre, das eine oder andere zu bekommen, und priorisiert diese. Damit macht er seine Absicht und seinen damit verbundenen persönlichen Wert kund. Die einzelnen Listen werden beim nächsten Treffen nebeneinandergelegt und es wird geschaut, wie sich die Dinge zwischen den Beteiligten verteilen. Gibt es Überlappungen, wie zum Beispiel die große Eigentumswohnung, so werden die Erben gemeinsame Eigentümer und verwerten diese durch Vermietung. Die Absichten aller Beteiligten sollen berücksichtigt werden.

Streit zwischen Generationen

Ich erinnere mich noch sehr gut an meine erste Stelle als Praktikant bei einem großen Konzern. Damals war ich 16 Jahre alt. Die wichtigste Frage war für mich, wie hoch mein Einkommen sein würde. Alles andere war mir egal. Ich wusste, wenn ich meine Pflicht erfüllen würde, würde ich das Gehalt mit Bestimmtheit erhalten. Die Generationen von heute verstehen diese Sichtweise nicht. Sie haben andere Werte. Pflichterfüllung und Geld stehen nicht mehr an oberster Stelle. Sinnerfüllung und Zweckmäßigkeit haben die alten Werte über die Zeit abgelöst. Junge Menschen sind nicht mehr mit Geld zu locken, sondern brauchen Sinn in ihrem Tun und eigene Entscheidungsmöglichkeiten. Unterschiedliche Werte sind der Grund für die Konflikte zwischen den Generationen, ohne dass ihnen die unterschiedlichen Werte bewusst sind.

- *Altes Muster:* Die ältere Generation schüttelt nur mehr den Kopf. »Ist den jungen Menschen heutzutage wirklich alles egal? Wir können sie nur so illoyal zu ihren Arbeitgebern sein und alle paar Jahre ihren Job wechseln und nur mehr maximal 30 Stunden die Woche arbeiten wollen?« Die junge Generation versteht die Alten nicht und macht ihnen schwere Vorwürfe, wie sehr sie der Umwelt und dem Klima geschadet haben. Sie klagen sie an ob ihrer Ignoranz. Das alte Familienbild, die klassische Geschlechterverteilung, ist für sie nicht nachvollziehbar.
- *Neues Muster:* Die Jungen und die Alten setzen sich gemeinsam an einen Tisch. Sie fragen einander: »Was ist dir in deinem Leben wichtig? Was sind deine Werte?« Sie erstellen Listen, wo sie ihre Werte aufschreiben und in die Reihenfolge der Wichtigkeit bringen, ohne zu be-

werten. Jeder Wert und jede Reihenfolge von Werten sind richtig. Danach gehen sie Wert für Wert gemeinsam durch und fragen einander: »Wie weißt du, dass dieser Wert erfüllt ist? Was sind die Kriterien?«, ohne zu bewerten. Die Kriterien zur Erfüllung der Werte bestimmen das Verhalten von Menschen. Deren Denkweisen werden dadurch verständlich, ohne damit einverstanden sein zu müssen. Gegenseitiges Verständnis macht sich breit. Es ist die Basis für ein gemeinsames Vorgehen, die Probleme und Herausforderungen der Welt zu lösen.

Erziehung

Was uns im Leben wichtig ist, übernehmen wir zu einem großen Teil von unserer Herkunftsfamilie. In jeder Familie wird mit Fest- und Feiertagen, Geburtstagen, Ferien und Urlauben, Bildung, der Arbeit und der Politik unterschiedlich umgegangen. Menschen haben unterschiedliche Werte, die sich in der Familie zu einer Art Familienkultur zusammenfügen. Die Kinder übernehmen daraus, was ihnen zusagt und wenden sich von den ihnen widerstrebenden Werten ab. Sie bringen ihre Hierarchie von Werten in ihre zukünftige Partnerschaft ein. Am Anfang einer Partnerschaft, wo man noch frisch verliebt ist, fallen einem nur die positiven Seiten an der anderen Person auf. Mit der Zeit verblasst jedoch die rosarote Brille, und weitere Charakterzüge kommen zum Vorschein. Wenn es um die Kindererziehung geht, eröffnet sich ein weiteres Kapitel möglicherweise unterschiedlicher Sichtweisen.

- *Altes Muster:* Die Eltern kommen regelmäßig in Streit darüber, was für das Kind gut oder schlecht sei. Beginnend bei der Kleidung, ob sich die Großeltern um das Kind kümmern sollten und wenn ja, in welchem Ausmaß, wer wann welche Betreuungszeiten übernimmt, oder ob eine Kleinkindergruppe geeigneter wäre, welche Schule die beste sei, mit welchen Freunden sich das Kind treffen dürfte, und wann die ideale Zubettgehzeit ist. Zu diesen und zu noch viel mehr Aspekten rund um die Kindererziehung kann man sich uneinig sein. Die Uneinigkeit der Eltern verunsichert das Kind, und es lernt mit der Zeit, Vater und Mutter gegeneinander auszuspielen, um seine Bedürfnisse zu befriedigen.
- *Neues Muster:* Die beiden Elternteile schreiben unabhängig voneinander ihre Werte bezüglich der Kindererziehung auf, bringen diese in die Reihenfolge der Wichtigkeit und versehen sie mit den entsprechenden Kriterien, die diese Werte zur Erfüllung bringen. Es ist eine spannende Aufgabe, sich dieser Werte und der damit verbundenen Kriterien bewusst zu werden. Entdecke nun die Gemeinsamkeiten, sofern diese vorhanden sind. Lerne von deinem Partner oder deiner Partnerin, was ihm oder ihr wichtig ist, wenn es um Kindererziehung geht. Bringt eure wichtigsten Werte auf eine gemeinsame Liste zusammen. Es kann sein, dass ihr widersprüchlich klingende Werte und Kriterien entdeckt, wie zum Beispiel Freiraum und Pflichterfüllung. Achtet darauf, dass vermeintliche Widersprüche aufgelöst werden. In unserem Fall könnte das lauten: »Unser Kind soll viele Möglichkeiten bekommen, Neues in seinem Leben zu probieren und stets darauf achten, mit anderen fair und friedlich zusammenleben zu können.«

Geschwisterrivalität

Fühlen sich Geschwister von ihren Eltern ungleich behandelt, kann es leicht zu rivalisierenden Verhaltensweisen kommen. Eltern sind jedoch zu keiner Zeit in der Lage, ihre Kinder gerecht zu behandeln. Gerechtigkeit kann es nicht geben, da alle Menschen unterschiedlich sind. Du kannst den Menschen gerecht werden, indem du sie entsprechend ihrer Werte behandelst und sie unterstützt, sich zu entwickeln. Vielleicht sollte das unter dem Begriff Gerechtigkeit verstanden werden.

- *Altes Muster:* Die Geschwister buhlen darum, wer besser als der andere sei und den Eltern mehr gefalle. Sie greifen sich gegenseitig an, machen sich vielleicht nieder, um selbst besser dazustehen. Mitunter entwickelt sich ein regelrechter Geschwisterkrieg, in dem sie einander bekämpfen und schon lange verlernt haben, miteinander zu reden.
- *Neues Muster:* Die Geschwister setzen sich zusammen und überlegen, welche Werte wohl den Eltern wichtig wären. Falls die Gelegenheit besteht, suchen sie das Gespräch mit ihren Eltern, um diese zu ergründen. Es geht nicht darum, die Eltern zu bewerten, sondern darum, sie zu verstehen, ohne mit deren Verhalten einverstanden sein zu müssen. Die Erkenntnis wird sein, dass die Eltern stets das für sie Bestmögliche getan haben, auch wenn das für die Kinder im Nachhinein betrachtet vielleicht nicht ausreichend war. Sie waren jedoch immer die besten Eltern, die sie sein konnten – und das ist anzuerkennen. Aus dem Verständnis heraus entwickelt sich Anerkennung den Eltern gegenüber, dass ein Verzeihen leichter macht. Aus der Rivalität wird wieder Geschwisterliebe.

Konflikte mit den eigenen Kindern

Als Eltern Konflikte mit den eigenen Kindern zu haben, schmerzt besonders. Ich kenne einige Eltern, die mit ihren erwachsenen Kindern nicht mehr sprechen, da sie zum Beispiel gegensätzliche Meinungen zur Covid-Impfung haben und darüber in einen massiven Konflikt geraten sind. Wie konnte es so weit kommen?

- *Altes Muster:* Eltern und ihre erwachsenen Kinder streiten darüber, wer, um bei der Covid-Pandemie zu bleiben, recht hat: die Impfgegner oder die Impfbefürworter. Sie streiten darüber, welcher der Experten auf die wissenschaftlicheren Informationsquellen zurückgreifen kann, und welche Maßnahmen die Regierung verordnen soll oder nicht. Es geht so weit, dass sie aufgehört haben, miteinander zu reden, da dieser Konflikt bei jedem Gespräch erneut eskaliert.
- *Neues Muster:* Eltern und ihre erwachsenen Kinder fragen sich, welche Absichten sie mit ihrem Verhalten verfolgen. Die Absichten beider Konfliktpartner könnten deckungsgleich sein, wie zum Beispiel gesund zu bleiben, Familienangehörige zu schützen, einen Beitrag zur Covid-Bekämpfung zu leisten, weiter ein gemeinsames Leben führen zu können usw. Es stellt sich heraus, dass beide die gleichen Absichten haben, sich jedoch bezüglich der Umsetzung der Absichten, des konkreten Verhaltens, uneinig sind. Gemeinsame Absichten sind ein stark verbindendes Element, das den Diskurs darüber, was am besten zu tun sei, ermöglicht und die Erfolgsaussichten auf eine gemeinsame Lösung erhöht.

Eine andere Form von Konflikten kann entstehen, wenn Eltern mit dem Verhalten ihrer minderjährigen Kinder überfordert sind. Diese Eltern befinden sich in einem inneren Konflikt, weil die eigenen Kinder die elterlichen Werte verletzen. Oft wird übersehen, dass Minderjährige ihre Werte noch nicht vollständig ausgeprägt haben. Sie befinden sich in einer Entwicklungsphase voller Unsicherheiten. Sie machen neue Erfahrungen, die sie in ihr Wertesystem, in ihr Museum der Erinnerungen, erst einsortieren müssen. Dieser Sortiervorgang kann anstrengend und fordernd sein, er braucht Unterstützung durch die Eltern und durch andere wichtige Bezugspersonen, um Persönlichkeit zu formen.

- *Altes Muster:* » Warum gehst du immer so spät zu Bett? Wie oft soll ich es dir noch sagen, dass du rechtzeitig schlafen gehen sollst? Wenn du nicht ab sofort an die Bettgehzeiten hältst, bekommst du Hausarrest«, brüllt der Vater. Starke Ansage, jedoch meist wirkungslos. Das Kind hat den Wert »Schlaf«, der im Lebensbereich Gesundheit des Vaters eine wesentliche Rolle spielt, verletzt. Für ihn ist Schlaf nur dann gegeben, wenn sein Kind rechtzeitig zu Bett geht, und das ist in unserem Beispiel aktuell nicht der Fall. Das Kind fängt zu weinen an, da es in seinem Museum der Erinnerungen keine andere adäquate Vorgangsweise zur Verfügung hat, um mit dem Gebrüll des Vaters umzugehen. Eines weiß das Kind jedoch bereits: Wenn es weint, kommt die Mutter und schenkt ihm Aufmerksamkeit und Trost.
- *Neues Muster:* Der Vater zeigt ehrliches Interesse am Verhalten des Kindes: »Wie geht es dir damit, lange aufzubleiben und aus meiner Sicht zu wenig zu schlafen?« Mit dieser Formulierung teilt er gleichzeitig seine Beobachtung mit, ohne das Kind zu bewerten. Das Kind wird vielleicht antworten, dass es ihm in dabei gut gehe, weil es die Zeit nutzt, interessante Bücher zu lesen. Jetzt kann der Vater seine Werte ins Spiel bringen, in dem er sagt: »Weißt du, mir würde es besser gehen, wenn ich sicher

sein könnte, dass du ausreichend schläfst. Woran könnte ich erkennen, dass du ausreichend Schlaf bekommst?« So lernt das Kind, das Schlaf einen wichtigen Wert der eigenen Gesundheit darstellt, den man selbst erfüllen kann. Verweigert das Kind das Ansinnen des Vaters, so darf dieser es zur Kenntnis nehmen, und sich über die Durchsetzungskraft seines Kindes erfreuen. Morgen ist auch noch ein Tag für einen weiteren Versuch.

Streit unter Freunden

Unter Freundschaften verstehen wir Beziehungen zu Menschen außerhalb unseres Familienverbandes. Jede Freundin und jeder Freund war zunächst jemand Fremder. Erst durch das Gespräch oder durch gemeinsame Erfahrungen entstehen Beziehungen. Eine Beziehung zwischen zwei Menschen ist wie ein verbindendes Band. Oft erkennst du erst im Laufe der Freundschaft Verhaltensweisen, die dir nicht zusagen. Freundschaften verändern sich, so wie alle Beziehungen im Laufe der Zeit. Diese Beobachtung ist für manche Menschen enttäuschend, denn sie haben darauf gebaut, dass Freundschaften ewig halten. Vielleicht haben sie sich zu stark auf den Freund verlassen?

Was wahre Freundschaft ausmacht, ist ein Gefühl von Unabhängigkeit. Im Unterschied zur Familie, deren Mitglieder man sich nicht aussuchen kann, steht die Wahl bei Freunden frei. Freundschaften sind immer freiwillig. Jeder Freund kann auch ohne den anderen leben, die Freundschaft jedoch macht das Leben schöner. Füreinander da zu sein ist keine Abhängigkeit, sondern eine freiwillige Sache. Beginnt jedoch der eine aufgrund eines geringeren Selbstwertgefühls Forderungen zu stellen, dann steht die Freundschaft auf dem Spiel.

- *Altes Muster:* Maria und Susanne kennen einander schon seit der Schulzeit. Sie bezeichnen sich als gute Freundinnen und haben regelmäßig Kontakt. Sie tauschen ihre Geheimnisse aus und sind überzeugt, einander wirklich gut zu kennen. Eines Tages erfährt Maria, dass Susanne eine Affäre hat und sich von ihrem Mann trennen möchte. Maria gefällt das nicht, widerspricht es doch ihren Werten bezüglich Ehe und Partnerschaft. Maria beginnt, Susanne Vorwürfe zu machen und erklärt ihr, dass sie ihr Verhalten nicht billigt. Der Streit eskaliert, ihre Freundschaft bricht auseinander.
- *Neues Muster:* Als Maria erfährt, dass Susanne eine Affäre hat, wird sie neugierig, obwohl eine Affäre Marias Werten widerspricht. Maria hat ehrliches Interesse am Wohlergehen ihrer Freundin. Beim nächsten Gespräch hört sie aufmerksam zu, was Susanne zu berichten hat, ohne zu bewerten. Sie denkt sich, Susanne wird einen wichtigen, ihren Werten entsprechenden Grund haben, ihr Leben so zu gestalten. Maria stellt viele Wie-Fragen, wie zum Beispiel »Wie ist das Leben nun für dich? Wie kommst du mit der Situation zurecht? Wie geht es dir mit den Rückmeldungen aus deiner Umgebung? Wie weißt du, dass es der Richtige ist? Wie möchtest du gerne die Zukunft erleben?« Maria ist mit Susannes Verhalten nicht einverstanden, ohne ihr Verhalten negativ zu bewerten. Maria beginnt zu verstehen. Einander verstehen stärkt ihre Beziehung und ihre Freundschaft. Sie wissen, sie können sich aufeinander verlassen, auch wenn die eine etwas tut, was die andere niemals machen würde.

Mobbing und Hass im Netz

Mobbing wird als andauernde, aggressive und geplante Verhaltensweise der Anfeindung, Schikanierung oder Diskriminierung beschrieben, die sich gegen eine andere Person richtet. Die andere Person soll ausgegrenzt, lächerlich gemacht und vernichtet werden. Zu den Verhaltensweisen des Mobbings gehören unter anderem, ständig unterbrochen zu werden, laut und grundlos angeschrien zu werden, ständige Kritik an der Arbeit oder an der Person, Drohungen, abwertende Blicke oder Gesten, Kontaktverweigerung, wie Luft behandelt zu werden, Gerüchte zu verbreiten, sinnlose Arbeitsaufgaben zugeteilt zu bekommen, ungerechtfertigt beschuldigt zu werden, Androhung und Durchführung von körperlicher Gewalt sowie sexuelle Übergriffe. Der oder die Täter fühlen sich stark und mächtig, und ergötzen sich an der Verzweiflung ihres Opfers. In jedem Fall von Mobbing ist sofort zu intervenieren.

Mobbing-Täter haben in der Regel ein starkes Selbstwertgefühl. Ihre Werte erfüllen sie derart, dass sie sich anderen Menschen gegenüber schikanös verhalten. Das Kriterium des Werts Anerkennung könnte lauten: »Ich unterdrücke und schikaniere andere Menschen. Das verschafft mir Anerkennung.« Man könnte sagen, die Kriterien zur Erfüllung der eigenen Werte sind fehlgeleitet, sie basieren auf Ausbeutung und Schmach anderer. Mobbing-Täter suchen sich Menschen, bei denen sie ihre eigenen Werte leicht erfüllen können, also jene, die ein schwaches Selbstwertgefühl haben. Mobbing-Opfer haben die Kriterien ihrer Werte so gestaltet, dass sie andere Menschen dafür benötigen, die eigenen Werte zu erfüllen. Diese Menschen drücken diese durch ihr unbewusstes Verhalten, ihre Körpersprache, aus. Nichts leichter als das, sich als Täter an diese Menschen heranzumachen.

Anhand folgender Beispiele möchte ich Möglichkeiten aufzeigen, wie sich Opfer aus ihrer Opferrolle befreien können und für den Täter uninteressant werden. Das entlastet selbstverständlich nicht den Täter, doch auch er, oder sie, benötigt Unterstützung, um Mobbing ehestmöglich gehen zu lassen.

Mobbing in der Schule

Gerhard, damals ein 14-jähriger Schüler, war einer meiner Klienten. Die Eltern schufteten Tag und Nacht in ihrem Betrieb, sie hatten wenig Zeit für ihren Sohn. Gerhards Selbstwert war nicht besonders ausgeprägt, er fühlte sich ein wenig verloren und brauchte Orientierung. Mobbing-Täter spüren das und schlagen sofort zu.

- *Altes Muster:* Wendet sich das Opfer an die Schulleitung, ist die Reaktion meist die, dass das Opfer geschützt und der Täter getadelt oder bestraft wird. Mobbing-Opfer gehören geschützt, so lautet der allgemeine Tenor. Die Situation verbessert sich kaum, da es den Täter in seiner Vermutung bestärkt, dass er es mit jemand Schwachen zu tun hat. Das Verhalten des Täters ist selbstverständlich zu kritisieren und zu verurteilen. Doch wir wissen bereits, dass Kritik am Verhalten allein keine Verhaltensveränderung bewirkt.
- *Neues Muster:* In meiner Arbeit mit Gerhard habe ich ihm in der Sprache seiner Altersgruppe erklärt, dass die

Täter etwas an ihm wahrnehmen, was sie veranlasst, mit ihm so umzugehen. Wenn er sein Verhalten verändert, würde er für die Täter sofort uninteressant sein. Ich fragte ihn, was in ihm vorgeht, wenn er an die Schule denkt und was er fühlt, wenn er den Tätern begegnet. Es war Unsicherheit, nicht gut genug zu sein. Wir erstellten einen Katalog aller seiner Fähigkeiten und seiner Begabungen, mit denen er den Tätern sicher überlegen sei. Er verstand sehr schnell, dass er in Ruhe gelassen werden würde, wenn er an den Tätern aufrecht vorbeiging und sie nicht einmal beachten würde: Aufrechte Körperhaltung, selbstsicherer Gang und den Blick nach vorn gerichtet. Nach zwei Online-Coaching-Sitzungen zu jeweils einer Stunde war es so weit: Das Mobbing hatte ein Ende.

Das »Schützen« der Opfer stärkt die Täter in ihrer Haltung, das ist der falsche Weg. Die Opfer müssen gestärkt werden, damit sie sich aus ihrer Opferrolle befreien und für die Täter uninteressant sind.

Ich bin der Überzeugung, dass auch die Täter geschützt werden sollten, nämlich vor sich selbst. Erst durch eine Veränderung der Kriterien ihrer Werte wird dies möglich sein.

Mobbing am Arbeitsplatz

Dauernd unterbrochen zu werden, vor Kolleginnen lächerlich gemacht zu werden, angepöbelt oder angeschrien zu werden, das erleben wir leider sehr oft. Die Folgen bei Betroffenen sind Schlafstörungen, Leistungsschwäche und Konzentrationsmangel. Das bekommen die Täter mit und sie fühlen sich bestärkt, ihre Angriffe fortzusetzen.

- *Altes Muster:* Die gemobbte Person fühlt sich von Tag zu Tag unsicherer. Hilfe zu holen, traut sie sich nicht. Wer weiß, was die anderen sagen werden. Den eigenen Arbeitsplatz zu gefährden, scheint zu riskant zu sein. Da nimmt man lieber Schmach und Verachtung in Kauf, auch wenn es auf Kosten der eigenen Gesundheit ist.
- *Neues Muster:* Mobbing-Opfer erkennen, dass einer ihrer Werte verletzt wird und diese Schwachstelle vom Täter ausgenutzt wird. Es könnte sein, dass das Opfer den Wert Respekt so für sich definiert hat, dass Respekt nur dann gegeben ist, wenn es von anderen rücksichtsvoll behandelt wird. Ein Kriterium, das nur dann erfüllt ist, wenn andere Menschen ein bestimmtes Verhalten zeigen. Mobbing-Täter werden respektvolles Verhalten jedoch nicht zeigen, im Gegenteil, sie fühlen sich bestärkt, wenn sie andere kleinmachen können. Als Mobbing-Opfer werde dir bewusst, welcher deiner Werte verletzt wird, wo du ein bestimmtes Verhalten erwartest, das jedoch nicht kommt. Ändere das Kriterium des Werts, in unserem Beispiel Respekt, indem du dir sagst: »Respekt ist dann für mich erfüllt, wenn ich andere rücksichtsvoll behandle, egal was sie gerade tun.« Hast du das für dich definiert, und der Mobbing-Täter versucht gerade wieder, dich lächerlich zu machen, dann entgegne ihm mit aufrechter Körperhaltung: »Wie kommen Sie darauf, mich hier lächerlich machen zu wollen? Wie darf ich ihr Verhalten und ihre Aussagen verstehen?« Du konfrontierst den Mobbing-Täter, indem du ihm einen Spiegel vorhältst. Du begegnest ihm mit dieser Aussage auf der Meta-Ebene, da du sein unzulängliches Verhalten verstehen möchtest. Erwarte nicht unbedingt eine Antwort des Mobbing-Täters. Bleibe auf der Ebene des Verstehenwollens, damit bist du immer überlegen.

Hass im Netz

Hetze, Hass und Häme kennen im Internet keine Grenzen. Es ist die vermeintliche Anonymität, die vielen Menschen ein Machtgefühl verleiht, über andere herzuziehen, sie zu beleidigen und vernichten zu wollen. Unverblümt wird über andere geschimpft, deren Meinung durch den Dreck gezogen und Drohungen ausgesprochen, die bis zum Suizid der bedrohten Person führen können. Wie kann es so weit kommen? Was kannst du tun, wenn du selbst Zielscheibe hasserfüllter Angreifer geworden bist?

- *Altes Muster:* Eine meiner Seminarteilnehmerinnen sagte zu mir: »Unlängst schrieb mir jemand in einem Chat-Forum, ich sei schäbig. Das macht mich betroffen und traurig. Seitdem drehen sich meine Gedanken nur mehr darum, dass ich nichts wert bin.« Der Täter hat die Macht ergriffen, die Kontrolle übernommen. Warum? Weil es die junge Frau zugelassen hat.
- *Neues Muster:* Das Verhalten des Täters aus obigem Beispiel ist selbstverständlich inakzeptabel. Sich dadurch betroffen zu fühlen, ist ungeschickt. Wie kommst du darauf, dich von einer unqualifizierten Meinung beeinflussen zu lassen? Der Täter kennt dich doch nicht. Er kennt jedoch die Mechanismen, auf den Menschen, wie unsere junge Frau, hereinfallen. Daher: Liest du von jemanden, egal ob du ihn kennst oder nicht, dass du zum Beispiel schäbig wärst, erkenne sofort, es ist ein Trick, dich zu verwirren. Lösche die Nachricht. Blockiere die Person. Stehe auf, strecke dich und halte Abstand. Frage dich, wie der andere darauf kommt, so zu urteilen. Die Antwort kannst du dir sofort selbst geben: Weil er es nicht besser kann. Alles, was diese Person über dich meint, hat nichts mit dir zu tun, sondern nur mit

der anderen Person. Verzeihe. Es ist das beste Verhalten, zu dem die andere Person in der Lage war. Du weißt, wie wertvoll du bist.

Streit am Arbeitsplatz

Meinungsverschiedenheiten und Konflikte am Arbeitsplatz sind an der Tagesordnung. Unterschiedliche Menschen mit unterschiedlichen Werten kommen Tag für Tag zusammen, sie haben Aufgaben zu lösen, Herausforderungen zu meistern und neue Ideen zu entwickeln. Dass nicht alle immer einer Meinung sind, kann man nachvollziehen. Das ist auch nicht das Problem. Schwierig wird es, wenn mit den unterschiedlichen Ansichten schlecht umgegangen wird, wenn Menschen persönlich angegriffen oder denunziert werden, oder sich zumindest so fühlen.

Aus meiner langjährigen Führungserfahrung kann ich eines berichten: Menschen brauchen Klarheit. Klarheit stellt sich mit der befriedigenden Beantwortung folgender vier Fragen ein:

- Warum machen wir das, welche Gründe gibt es?
- Was ist das Problem, das wir lösen, was sind die Zahlen, Daten und Fakten, die das Problem beschreiben?
- Wie gehen wir vor, welche Vorgangsweise wählen wir?
- Wozu wird unser Ergebnis verwendet, welcher Zweck soll erfüllt werden?

Nur die Beantwortung aller Fragen schafft Klarheit. In unserer naturwissenschaftlich geprägten Welt liegt der Schwerpunkt jedoch zu stark auf der Warum- und der Was-Frage. Die Wie- und die Wozu-Frage wurden unzulässigerweise vernachlässigt. Vielleicht kennst du einen Chef, der sagt: »Wie du das machst, ist mir egal, Hauptsache das Ergebnis stimmt.« Da hat der Chef zu kurz gedacht, denn das Wie bestimmt Qualität, Kosten, Termin und Reproduzierbarkeit. Die Wozu-Frage soll Antwort auf den Sinn der Tätigkeit geben. Das ist besonders für die jüngere Generation von Bedeutung, sie will vor allem Sinn verspüren in dem, was sie tut.

Im Folgenden möchte ich dir ein paar Ideen an die Hand geben, wie du diese vier Fragen anwenden kannst, um Konflikte gehen zu lassen und Klarheit zu erlangen.

Wer macht was?

Die Diskussion, wer welche Aufgaben erledigt, sollte in jedem Unternehmen durch die sogenannte Ablauforganisation festgelegt sein. Aus Organigrammen und Arbeitsplatzbeschreibungen ist ersichtlich, wer welche Aufgaben und Rollen zu erfüllen hat. Der Unternehmensalltag läuft jedoch nicht immer nach Plan. Unvorhergesehenes, wie Krankenstände, Produktionsunterbrechungen, Lieferschwierigkeiten oder spezielle Kundenanfragen kommen herein. Wer diese meist unangenehmen Aufgaben übernehmen soll, wird ad hoc festgelegt. Auseinandersetzungen und Konflikte können die Folge sein.

- *Altes Muster:* Die Diensteinteilung wird vom Vorgesetzten festgelegt, ohne bei den betroffenen Mitarbeiterinnen nachzufragen, ob sie die jeweiligen Aufgaben übernehmen wollen. Menschen fühlen sich nach einiger Zeit ausgenutzt und instrumentalisiert, wenn mit ihnen nach Belieben umgegangen wird.
- *Neues Muster:* Die Mitarbeitenden ergreifen Initiative und legen ihre Verfügbarkeit für Mehrarbeit und Über-

stunden selbst fest. Sie stellen sich die Frage, wie sie die zu leistenden Aufgaben am besten abwickeln können, sodass die jeweils eigenen persönlichen und familiären Wünsche und Notwendigkeiten berücksichtigt werden können. Statt der Frage »Wann kannst du diese Aufgabe übernehmen?« stellst du besser die Frage »Wie sollten wir mit der aktuellen Herausforderung am besten umgehen, wie könnten wie diese Aufgabe umsetzen?« Mit der Wie-Frage geben wir der Person die Gelegenheit, in Möglichkeiten zu denken. Es wird nicht nur ein Zeitpunkt der Verfügbarkeit abgefragt, sondern auch das Suchen nach weiteren Optionen angeregt.

Nein sagen

Nein zu sagen, ist für viele Menschen nur sehr schwer möglich. Sie fürchten Zurückweisung, verbunden mit dem Gefühl, abgelehnt zu werden. Dies widerspricht möglicherweise dem Kriterium ihres Werts Anerkennung, das lautet: Anerkennung ist für mich erfüllt, wenn mich andere Menschen loben und mit mir einverstanden sind.

- *Altes Muster:* Um die eigene Anerkennung nicht zu gefährden, und um den entsprechenden Wert nicht zu verletzen, übernimmst du Aufgaben, obwohl du lieber Nein sagen würdest. Das bringt dich in einen Konflikt, da gleichzeitig ein anderer Wert verletzt wird, zum Beispiel die Selbstachtung. Selbstachtung bedeutet, sorgsam mit sich selbst umzugehen und auf die eigenen Ressourcen zu achten. In dem Moment, wo du besser Nein sagen solltest, aber Ja gesagt hast, tritt ein Wertekonflikt zutage: Anerkennung gegen Selbstachtung. Wertekonflikte führen zu langem Grübeln, zu Unzufriedenheit und zu den damit verbundenen negativen Emotionen, wie Ärger und Wut. Beeinträchtigungen der eigenen Gesundheit können die Folge sein.

- *Neues Muster:* Kommt jemand mit einer Bitte auf dich zu, wo du besser Nein sagen solltest, dann werde dir bewusst, dass du der wichtigste Mensch in deinem Leben bist. Du musst zuerst auf dich schauen. Menschen, die Nein sagen, werden ebenfalls anerkannt, da dies ein Zeichen von Stärke ist. Sage Nein und hole dir dadurch Anerkennung. Erläutere die Gründe, wie es zu deinem Nein kommt – in einer Form, die für die andere Person nachvollziehbar ist. Sollte die andere Person beleidigt auf dein Nein reagieren, dann betrachte dies zunächst als das Problem der anderen Person, und nicht als deines. Sage ruhig »Es tut mir leid, wenn ich nicht deinen Erwartungen entspreche. Um weiter gute Arbeit zu leisten, muss ich in diesem Fall auf mich schauen.« Immer, wenn dir ein Nein nur schwer über die Lippen kommt, überprüfe die Kriterien deine Werte, an welcher Stelle du dich vom Verhalten anderer Menschen abhängig fühlst, und verändere die jeweiligen Kriterien, sodass du sie selbst erfüllen kannst.

Zurückweisung aushalten

Im Betrieb kommt es immer wieder zu Diskussionen über Ressourcen, Budget, Arbeitsabläufen, Verbesserungsprozessen, Innovationen und Positionierung am Markt. Es geht darum, Kosten zu sparen, den Umsatz zu steigern, Termine zu halten und mit Qualität zu überzeugen. Unterschiedliche Ideen, Meinungen und Sichtweisen prallen aufeinander. Das ist gut so, denn nur durch die intensive Auseinandersetzung mit einem Thema werden neue Möglichkeiten gefunden. Wie jedoch mit den unterschiedlichen Zugängen umgegangen wird, entscheidet über Konflikt oder Diskurs.

- *Altes Muster:* Prallen Meinungen aufeinander, dann sind wir immer wieder mit Killerphrasen wie »Das kann nicht funktionieren«, »Das haben wir noch nie so gemacht«, »Das können wir nicht«, »Das wird niemand kaufen« u. Ä. konfrontiert. Diese Aussagen haben eines gemeinsam, sie sind generalisierend und tragen ein »nicht«, ein »nie« oder ein »niemand« in sich. Aussagen dieser Art führen bei den Zuhörenden zur Überforderung ihres Unbewussten. Es kann keine entsprechende Erinnerung im eigenen Museum der Erinnerungen gefunden werden. Schweigen ist die Folge. Jene Person, die die Generalisierung als Naturgesetz überzeugend oder vielleicht auch angreiferisch vorwurfsvoll formuliert hat, glaubt, recht zu haben, und erstickt damit die Diskussion. Die anderen fühlen sich vielleicht in ihrem Wert Respekt verletzt und zurückgewiesen.
- *Neues Muster:* Denke immer daran, wer eine Killerphrase formuliert, verfolgt damit eine bestimmte Absicht. Jedoch ist diese Absicht nicht sofort ersichtlich und der Person nicht immer gleich bewusst. Gehe in eine innere Haltung, die dir sagt, die Person macht gerade das ihr Bestmögliche, sei neugierig und finde heraus, was dahintersteckt. Das machst du, indem du die Wie-Frage stellst, wie zum Beispiel: »Wie kommst du darauf, dass das nicht funktionieren kann? Wie sind deine Gedanken dazu? Was genau kann aus deiner Sicht nicht funktionieren? Was dabei ist dir besonders wichtig?« Gib der anderen Person Zeit, eine Antwort zu finden. Sie wird diese aus ihrem Unbewussten in ihr Bewusstsein bringen und aussprechen. Bleibe dabei ruhig, interessiert und neugie-

rig. Frage weiter nach, bis du Klarheit erlangt hast und du die positiven Absichten dieser Person ans Tageslicht geholt hast. Positive Absichten könnten sein: »Das Budget bestmöglich einzusetzen. Ressourcen zu schonen. Ein gutes Produkt auf den Markt zu bringen. Die beste Lösung zu finden.« Mit diesem Vorgehen verwandelst du Killerphrasen in einen produktiven Diskurs.

Fehler und Schuldzuweisungen

Fehler passieren, das ist selbstverständlich. Aus Fehlern kann man lernen, wie etwas nicht funktioniert. Dennoch sind Schuldzuweisungen oft an der Tagesordnung. Den Schuldigen zu finden, entlastet, zumindest vordergründig. Ist man selbst nicht schuld, hat man sich nichts vorzuwerfen. Man hat jedoch auch die Macht abgegeben, etwas zu verändern. Man fühlt sich als Opfer der Umstände. Als Opfer ist man regungslos, ausgeliefert und schwach. Eigeninitiative und Motivation bleiben auf der Strecke.

- *Altes Muster:* Ich erinnere mich gut an meine Vorgesetzten in einem Unternehmen, für das ich einige Jahre tätig war. Jeden Montagvormittag mussten alle Abteilungsverantwortlichen im Leitungskreis berichten, wie die vergangene Woche gelaufen war, welche Probleme aufgetreten waren und welche Entscheidungen zu treffen sind. Sobald die Sprache auf die Probleme kam, wurde wie im Affekt sofort gefragt: »Warum haben wir das Problem, und wer ist daran schuld?« Den oder die Schuldigen zu finden war wichtiger, als das Problem zu lösen und aus den Fehlern zu lernen. Der Ansatz, aus Erfolgen zu lernen, war definitiv undenkbar.

- *Neues Muster:* Mit Fehlern gut umzugehen, erfordert folgende Denkweise: Fehler sind Feedback der Realität, eine gedachte Vorgehensweise funktioniert nicht. An dieser Stelle frage ich Folgendes: »Was wollte ich zum Zeitpunkt, als ich den Fehler gemacht habe, bezwecken? Wie glaubte ich, dass meine Vorgehensweise die richtige sei?« Diese beiden Fragen machen eine neue Dimension auf. Es wird nicht mehr nur nach dem Warum, den Gründen und dem Was, dem Problem an sich gefragt, sondern nach der Absicht und den Gedanken, die vorherrschten. Meist sind Absicht und Zweck dessen, was zu tun ist, nicht ausreichend bekannt. Absicht und Zweck ergeben jedoch den Sinn der Tätigkeit. Nur wenn der Sinn bewusst ist, kann der richtige Weg, das Wie, effektiv gefunden und der Weg effizient gegangen werden.

Zwischen Kollegen vermitteln

Tritt ein Konflikt zwischen Kollegen auf, bleibt dieser nicht lange unbemerkt. Das Arbeitsklima ist getrübt, die Kommunikation vergiftet, statt miteinander zu sprechen, wird geschwiegen oder geschrien. Oftmals fühlt sich der Chef oder ein anderer Arbeitskollege angehalten, einzugreifen und zu schlichten. Doch das funktioniert nicht immer.

- *Altes Muster:* Der Vermittler möchte, wie in Konfliktmanagementseminaren vermittelt, das Problem verstehen. Die Konfliktpartner werden jeweils gefragt, was sie an der anderen Person auszusetzen haben. So kann sich jeder Luft machen. Anschließend werden die Standpunkte erläutert und es wird versucht, eine Lösung zu finden.

Diese Lösung ist meist ein Kompromiss, eine Einigung auf eine Verhaltensweise, die die beiden Konfliktpartner einzuhalten haben, wie zum Beispiel einander zuzuhören, wieder normal miteinander zu sprechen und in der Sache nachzugeben. Der Konflikt bleibt jedoch unterschwellig bestehen, da die zugefügten Verletzungen nicht heilen können. Oft kommt erschwerend dazu, dass der Vermittler selbst als Teil des Problems wahrgenommen wird und in die Auseinandersetzung hineingezogen wird.

- *Neues Muster:* Der Vermittler darf auf keinen Fall Teil des Problems sein. Das ist bei Arbeitskollegen und Chefs selten der Fall. Auch wenn sie nicht offensichtlich Teil der Auseinandersetzung sind, bleiben sie jedoch Teil des Systems und sind somit Teil des Problems. Vermittler müssen unabhängig sein. Ein guter Vermittler, ein guter Friedensstifter, interessiert sich für beide Seiten gleichermaßen. Er möchte verstehen, wie sich die beiden Kontrahenten verletzt fühlen. Er leitet die Konfliktparteien an, einander zu verstehen, ohne notwendigerweise mit der Meinung der anderen Person einverstanden zu sein. Es geht dem Friedensstifter darum, weg von den Verhaltensweisen, die zum Konflikt führten, hin zu den jeweiligen Absichten zu kommen. In vielen Fällen wird sich herausstellen, dass die Kontrahenten sehr ähnliche Absichten verfolgen, wie zum Beispiel gute Arbeit zu leisten, anerkannt zu werden, gebraucht zu werden, sich weiterzuentwickeln. Sind die gemeinsamen Absichten bekannt, stellt sich ein Aha-Moment unter den Beteiligten ein: Es wurden nur die unterschiedlichen und störenden Verhaltensweisen beobachtet, dass gemeinsame Absichten dahinter verborgen sind, damit wird nicht gerechnet. Gemeinsame Absichten verbinden die Konfliktpartner. Sie haben ihre Gemeinsamkeiten erkannt und sind nun in der Lage, einen sachlichen Diskurs darüber zu führen, wie die gemeinsamen Absichten am besten erfüllt werden können.

Wenn Teams einander bekämpfen

In vielen Unternehmen ist es modern geworden, die Unternehmenswerte zu erarbeiten. Nach stundenlangen oder tagelangen Workshops hat man sich auf die wichtigsten Begriffe geeinigt, wie etwa Ehrlichkeit, Authentizität, Anerkennung, Produktivität, Qualität, Zuverlässigkeit und vieles mehr. Veränderung spürt man allerdings kaum. Warum nicht?

- *Altes Muster:* Die Menschen glauben, dass unter gleichen Begriffen auch Gleiches verstanden wird. So wird von Zuverlässigkeit und Produktivität gesprochen, und die Teams meinen, sich selbst daran zu halten, können dies jedoch bei den anderen Teams nicht feststellen. Die einen verstanden unter Zuverlässigkeit, sich an die eigenen terminlichen Zusagen zu halten, während die anderen die hohe Qualität ihrer Arbeitsergebnisse meinten. Unter Produktivität verstanden die einen, viele Aufgaben schnell abzuarbeiten, während es für die anderen wichtig war, die Aufgaben sehr genau abzuarbeiten. So kam es, dass die einen ihre Arbeitsergebnisse termingerecht, jedoch mit niedriger Qualität ablieferten, während die anderen nicht immer pünktlich waren, aber was sie lieferten, war inhaltlich einwandfrei. Die beiden Teams waren irritiert, erwarteten sie doch von der jeweils anderen Gruppe genauso wie sie zu agieren. Gegenseitige Vorwürfe und Anschuldigungen, Klatsch und schlechte Nachreden waren die unerwünschten Folgen.
- *Neues Muster:* Gleiche Begriffe haben für jede und jeden von uns unterschiedliche Bedeutung. Sobald wir von Werten sprechen, ist es unbedingt erforderlich, die Kriterien zu definieren, an denen wir die Einhaltung des Werts zweifelsfrei erkennen können. Sagt jemand, Zuverlässigkeit ist mir wichtig, dann frage immer und so-

fort: »Woran erkennst du, dass Zuverlässigkeit gegeben ist? Was sind deine Kriterien dafür?« Stelle diese Frage für jeden Wert, den du selbst hast, und den deine Kolleginnen haben. Erst wenn Einigkeit über die Kriterien der Werte erzielt ist, ist auch klar, was zu tun ist, um den jeweiligen Wert zu erfüllen. Die Kriterien der Werte bestimmen die passenden Verhaltensweisen, und nicht die Werte an sich.

Machtkämpfe

Bei Machtkämpfen stellen sich die Beteiligten die Fragen: Wer ist hier der Stärkere, wer kommt besser voran, wer macht den nächsten Karriereschritt? Dahinter verbirgt sich eine gefühlte Bedrohung, nämlich doch nicht der Stärkere zu sein, doch nicht voranzukommen oder doch nicht den nächsten Karriereschritt zu machen. Fühlt sich jemand bedroht, haben wir einen Konflikt. Gegenseitiges Runtermachen, schlecht über den anderen zu reden und Gerüchte zu verbreiten, sind keine Seltenheit.

- *Altes Muster:* Die Kontrahenten beginnen, einander zu bekriegen. Zu verlieren, würde die Verletzung einer oder mehrerer eigener Werte bedeuten. Anerkennung, Fortkommen und Karriere blieben unerfüllt. Schon die Vorstellung allein sorgt dafür, dass sich negative Gefühle im ganzen Körper ausbreiten. Negative Gefühle führen zu schlechter Denkleistung. Das Gehirn wird schlechter durchblutet und mit weniger Sauerstoff versorgt. Kampf ist angesagt.
- *Neues Muster:* Findest du dich in einem Machtkampf wieder, frage dich, um was es dir wirklich geht. Was

sind deine Absichten? Was möchtest du erreichen? Geht es dir nur ums Gewinnen? Geht es dir um Machtausübung? Geht es dir um Sinn? Geht es dir um unternehmerisches Handeln? Geht es dir um ein gemeinschaftliches Wir? Oder geht es dir darum, die Welt zu verändern? Du erinnerst dich, diese Fragen haben wir im Kapitel über Spiral Dynamics gestellt (Siehe »Wenn die Angst dein ständiger Begleiter ist« auf Seite 53). Wie auch immer du diese Fragen beantwortest, es geht um den Schutz deiner eigenen Werte, es geht um deine Absicht. Es geht um den Sinn, den du für dich erreichen möchtest. Sobald du an Absicht und Sinn denkst, wirst du viele verschiedene Wege finden, um die Absicht und den Sinn zu erfüllen. Der als unbedingt erforderlich geglaubte Machtkampf wird plötzlich nur eine unter vielen Optionen sein, aus denen du wählen kannst. Je mehr Optionen du zur Verfügung hast, desto flexibler bist du in der Erreichung deiner Vorhaben, desto resilienter bist du im Umgang mit Veränderungen, Unsicherheiten, Komplexität und Mehrdeutigkeiten in Bezug auf deine Wahrnehmungen.

Konflikte mit Narzissten

Unter einem Narzissten versteht man einen Menschen mit ausgeprägtem Egoismus, der Arroganz und Selbstsüchtigkeit an den Tag legt und sich rücksichtslos gegenüber anderen und gegenüber seiner Umgebung verhält. Sich narzisstisch verhaltenden Menschen schreibt man gute Karriereaussichten zu, sind sie doch in der Lage, durch ihre Selbstbezogenheit Außergewöhnliches zu vollbringen. Stark ausgeprägter Narzissmus wird zur krankhaften Persönlichkeitsstörung.

Auf dem Kampffeld des Arbeitsalltags müssen Narzissten immer siegen. Sie vergleichen sich mit anderen, müssen immer im Mittelpunkt stehen, auf jedem Foto perfekt abgelichtet sein und einfach besser sein als alle anderen. Narzisstischen Führungskräften geht es nicht um ihre Ergebnisse, sondern um ihre Geltung. Dafür sind sie bereit, alles zu tun, um andere zu unterdrücken und zu vernichten. So hilfreich gesunder Narzissmus in Form eines starken Selbstwertgefühls für die eigene Entwicklung sein kann, so schädlich ist krankhafter Narzissmus für jene Unternehmen, deren Führungskräfte so ticken.

- *Altes Muster:* Menschen mit schwachem Selbstwert zerbrechen an Narzissten. Sie können ihnen nichts recht machen. Der ohnehin schon schwache Selbstwert wird laufend bestätigt, und somit noch schwächer. »Was bin ich schon wert?«, ist die verzweifelte Frage, auf die sie kaum Antworten finden.
- *Neues Muster:* Erkenne, dass Narzissten sich über ihre Geltung definieren. Alles, was sie über dich sagen, hat nichts mit dir zu tun, sondern dient ausschließlich zur Befriedigung ihrer eigenen Werte. Gehe ihnen so gut wie möglich aus dem Weg. Schreiben Sie dir vorwurfsvolle E-Mails, in denen sie dir erklären, was du alles falsch und schlecht gemacht hast, frage sie, wie sie darauf kommen. Sie werden dir keine Antworten geben, weil sie keine haben. Es geht ihnen nur um ihre eigene Geltung und nicht um einen sachlichen Diskurs. Keine Antwort zu erhalten, ist vollkommen ok für dich. Du wirst bemerken, wie du im Laufe der Zeit für sie immer uninteressanter wirst. Sie suchen sich neue schwache Opfer.

Empörung, die neue Schikane

Ende August 2022 wurde vom Ravensburger Verlag das Buch zum gleichnamigen Film »Der junge Häuptling Winnetou« vom Verkauf zurückgezogen. Die Kritik im Internet war groß. Der Generalverdacht der kulturellen Aneignung wurde empörend vorgebracht. Wie konnte jemand wie Karl May ein Buch über indigene Völker schreiben, ohne einer von ihnen gewesen zu sein? Das Buch reproduziere rassistische Stereotype, so ein weiterer Vorwurf. Es handle sich um Fantasien aus dem Indianerland, wenn eine Indianersprache verwendet wird, die es in Wirklichkeit nicht gab, so die Anschuldigungen dem Ravensburger Verlag gegenüber.

Zur Schau gestellte Empörungen kleiner Gruppen werden mit einer Macht ausgestattet, die die Meinungsfreiheit zu untergraben droht. Ich bin der Meinung, hier gehört besser gestritten, sonst werden die Aggressoren die Oberhand darüber bekommen, welche Literatur, Filme und Berichte uns noch zugänglich sein werden. Besser streiten ist aus meiner Sicht ein Muss! Empörung entpuppt sich neuerdings als Machtinstrument, um die eigene Meinung durchzusetzen, auch wenn diese an den Haaren herbeigezogen erscheint. Der Diskurs über unterschiedliche Sichtweisen droht zu ersticken. Denken wir an gendergerechte Sprache, dem Umgang mit den über Frau/Mann hinausgehenden Geschlechtern, über die Ansprache von Ausländern und Menschen unterschiedlicher Hautfarbe und darüber, ob man noch Komplimente machen darf.

Wer traut sich heute noch, einen tiefgehenden Diskurs über das Gendern zu führen? Sofort wird einem vorgeworfen, das weibliche Geschlecht mit Absicht aus der eigenen Kommunikation auszuklammern. Ein Vorwurf, der aus meiner Sicht in vielen Fällen auf einer Annahme beruht. Nämlich darauf, die andere Person möchte einem vorsätzlich schaden, ohne dass diese das jemals gesagt oder getan hätte. Die große Empörung basiert auf Gedankenlesen, denn eines ist klar, wer nicht gendert, diskriminiert. Als Leserin dieses Buchs weißt du bereits, dass man Gedanken nicht lesen kann. Viel problematischer sehe ich jedoch die Tatsache, dass jene, über die man sich dermaßen empört, klein beigeben. Sie weichen der Auseinandersetzung aus, sie fürchten den über sie möglicherweise hereinbrechenden Shitstorm, und wissen nicht, wie sie sich dagegen zu wehren hätten.

Laut Wikipedia kennen wir zurzeit 72 unterschiedliche Geschlechter. Es handle sich dabei um nichtbinäre Geschlechtsidentitäten aus dem Transgender-Spektrum, die man nicht ausschließlich als männlich oder weiblich identifizieren kann und sich außerhalb der zweigeteilten, binären Geschlechterordnung verstehen. Interessant ist, dass sich nichtbinäre Geschlechtsidentitäten im Allgemeinen nicht aus bestimmten Körpermerkmalen, sondern aus dem eigenen Geschlechtsempfinden der Person ergeben. Von außen betrachtet handelt es sich also nach wie vor um eine »Frau« oder einen »Mann«, die Person fühlt sich allerdings nicht so. Dass jemand eine unpassende Bemerkung über die Geschlechtervielfalt macht, ist leicht nachvollziehbar. Zugegeben, unpassende Bemerkungen können mit voller Absicht ausgesprochen werden, oder sie passieren, ohne dass man jemanden beleidigen will. Dass dennoch die Empörung groß ist und von einer Diskriminierung der LGBTQ+-Community gesprochen wird, überrascht. Ist es aus deren Sicht jedem zuzumuten, sich über die Intimitäten anderer Menschen kundig zu machen? Ist es erforderlich, über nichtbinäre Geschlechtsidentitäten genau Bescheid zu wissen?

Ich bin der Überzeugung, dass Vielfalt eine gute Sache

ist. Achtsamer Umgang untereinander ist hilfreich, ehrliches Interesse an der anderen Person ist geboten. Man muss jedoch nicht jede Äußerung über eine Gruppe, der man sich zugehörig fühlt, auf sich selbst beziehen. Hoher Selbstwert zeichnet sich darin aus, sich von der Meinung anderer unabhängig zu fühlen.

Stellt man hierzulande Menschen mit anderer als weißer Hautfarbe die Frage »Woher kommen Sie?«, bekommt man möglicherweise empörend den Vorwurf, diskriminierend zu sein. Dem »weißen Mann« wird vorgeworfen, sich über andere zu stellen, sich über andere zu erheben und dem früheren Kolonialismus zu frönen. Spannend, wie man zu solchen Einschätzungen kommen kann. Selbstverständlich kann die Frage danach, woher man kommt, mit einem abschätzenden Unterton formuliert werden. Die in dieser unangebrachten Form Angesprochenen sollten jedoch nicht den Fehler machen, sich angesprochen zu fühlen. Viel geschickter wäre es, an dieser Stelle eine Gegenfrage zu stellen, die lauten könnte: »Weshalb möchten Sie das wissen?« Die Frage nach der Absicht wird den Fragesteller entlarven.

Man darf sich nicht immer gleich zum Betroffenen, zum Opfer machen, sondern kontert besser elegant. Wird die Frage, woher man kommt, aus ehrlichem Interesse an der anderen Person gestellt, dann ist eine ehrliche Antwort auf jeden Fall angebracht. Eine empörende Reaktion des Befragten ist in jedem Fall unpassend. Dem Fragenden zu unterstellen, er würde seine vermeintliche weiße Vormachtstellung ausnutzen, ist der Kategorie des Gedankenlesens zuzuordnen, und Gedanken kann man nicht lesen. Das Unterstellen dieser oder ähnlicher Denkmuster zeugt von einem schwachen Selbstwert, das Muster der Empörung dient zur eigenen Verteidigung und ist ein Zeichen für einen inneren Konflikt dieser Person. So wie beim Mobbing ist dem Täter entgegenzutreten. Frage ihn, wie er auf diese Unterstellung kommt und was er damit beabsichtigt. Besser streiten ist hier angebracht, um unangebrachten Vorwürfen und den daraus möglicherweise folgenden konfliktbegründeten gewalttätigen Handlungen rechtzeitig Einhalt zu gebieten.

Auf dem sozialen Medium LinkedIn habe ich vor einigen Tagen eine Diskussion verfolgt, deren Ausgangspunkt folgender war: Ein Geschäftsführer berichtet, er sei von einem Kunden direkt darauf angesprochen worden, dass seine Assistentin besonders hübsch sei. Daraus entbrannte in der Abfolge der Diskussionsbeiträge ein langes Hin und Her darüber, wie unpassend eine solche Äußerung sei, und dass man Frauen nicht immer nur auf ihr Äußeres reduzieren darf. Man kann schnell davon verleitet sein, den vorgebrachten Meinungen vollinhaltlich zuzustimmen.

Ich möchte die Sache jedoch etwas differenzierter betrachten. Wir wissen nämlich nicht, wie der Kunde seine Aussage wirklich gemeint hat, wir haben ihn ja nicht gehört. Der gewählte Tonfall würde einen Unterschied in der Bedeutung des Gesagten machen. Ja, es könnte eine sexistische Komponente mitspielen. Wäre dies der Fall gewesen, dann wäre der Kunde zurechtzuweisen, und zwar mit der Gegenfrage »Wie meinen Sie das in unserem geschäftlichen Kontext?« Wir wissen bereits, ein Zurechtweisen auf inhaltlicher Ebene, wie »Was glauben Sie eigentlich, so etwas zu sagen?« könnte zu einer Auseinandersetzung führen, die einerseits weniger produktiv ist als die Zurechtweisung durch die oben genannte Gegenfrage, und die man andererseits mit einem Kunden nicht führen möchte. Auf jeden Fall waren sich die weiblichen Diskutantinnen einig, dass der Kunde sich auf jeden Fall abfällig und sexistisch geäußert habe, ohne sagen zu können, woher sie dies wüssten.

Die Diskutantinnen haben Gedanken gelesen, und um es noch einmal zu wiederholen: Niemand kann Gedanken lesen. Sie haben im selben Atemzug die Verallgemeinerung gezogen, dass Frauen immer auf ihr Äußeres reduziert werden. Das zeugt von einem in diesem Kontext schwach ausgeprägtem Selbstwertgefühl, denn von »immer« kann nicht die Rede sein, würde es ja bedeuten, dass alle Männer dies immer und bei jeder Gelegenheit tun, was sicherlich nicht der Wahrheit entspricht. Die Frauen fühlten sich sofort betroffen, obwohl in keiner Weise von ihnen die Rede war, und sie noch dazu in die Falle des Gedankenlesens getappt waren. Diese Empörung darf man sich als Mann nicht gefallen lassen, doch wie darauf reagieren? Am besten durch die Gegenfrage »Wie kommen Sie darauf, dass Frauen immer auf ihr Äußeres reduziert werden? Wie meinen Sie immer?« Die Befragten werden nur wenige Beispiele nennen können, wo dies tatsächlich der Fall gewesen sein könnte, und sie verallgemeinern dennoch auf die Gesamtheit aller Aussagen dieser Art, egal, ob sie in der Vergangenheit gemacht wurden oder erst in der Zukunft. Eine andere Möglichkeit wäre es jedoch gewesen, dass der Kunde tatsächlich ein Kompliment ausgesprochen hat. Auf diese Idee ist niemand der an der Diskussion Beteiligten gekommen. Komplimente anzunehmen ist, zumindest für viele meiner Klientinnen, sehr schwer gewesen. Deren Eltern waren oft grundsätzlich der Meinung, dass man keine Geschenke annehmen darf, und wenn, sich schnellstmöglich dafür revanchieren müsste. Ein Kompliment ist aus meiner Sicht etwas Schönes, es darf gern angenommen werden. Es hat auch nichts mit einer Reduzierung auf etwas Äußeres zu tun, sondern mit Aufmerksamkeit, Achtsamkeit und Würdigung dieser Person.

Ich bin der Auffassung,
zur Schau gestellten Empörungen
gehört entgegengetreten.

Empörungen werden als Schikane benutzt, um die andere Person oder die andere Gruppe von Personen mundtot zu machen. Empörungen funktionieren, weil diejenigen, über die man sich empört, keine Worte finden, sich zu wehren. Das Instrument der Empörung erscheint sich auszubreiten und strahlt eine ähnliche Macht aus wie Mobbing.

Den Empörern ist mit zwei Fragen entgegenzutreten. Die erste Frage lautet: »Wie kommst du dazu, dich darüber zu empören?« Die zweite Frage lautet: »Was ist deine Absicht, die hinter deiner Empörung steckt?« Dient Empörung nur dazu, den eigenen Selbstwert auf Kosten anderer zu heben, so werden qualitative Antworten mit Sicherheit ausbleiben. Besser streiten, als sich kopfschüttelnd zurückzuziehen. Die eigene Meinungsfreiheit und die Diskursfähigkeit unserer Gesellschaft stehen auf dem Spiel!

Ab jetzt denkst du anders

Die Art und Weise, wie du denkst, bewertet deine Wahrnehmungen. Möchtest du eine Gartenparty veranstalten und es beginnt zu regnen, dann wirst du den Regen negativ bewerten. Frust und Ärger sind die Folge. Mit dem negativen Gefühl verbunden ist die daraus folgende eingeschränkte Leistungsfähigkeit des Gehirns. Wenig hilfreiche Gedanken machen es unmöglich, eine gute Lösung zu finden. Das ärgert dich zusätzlich, und so kommt ein Teufelskreis in Bewegung. Hast du den Regen allerdings sehnsüchtig erwartet, weil dir das Gedeihen deiner Pflanzen wichtig ist und die Trockenheit schon zu lange angedauert hat, bewertest du den Regen positiv. Du freust dich darüber und überlegst, wie du die Vielfalt deines Gartens noch vergrößern kannst. Ein »Engelskreis« deiner inneren Kommunikation entsteht, in dem die positiven Gefühle und Emotionen sich durch den inneren Dialog verstärken.

Wollen wir Konflikten anders begegnen, wollen wir Streit und Auseinandersetzungen gehen lassen und ein zufriedenes Leben führen, erscheint es notwendig, anders als bisher zu denken. Anders zu denken, bedingt eine Veränderung der Bewertung unserer Wahrnehmungen. Etwas, das wir früher vielleicht als Erwartungen, Forderungen oder Vorwürfe verstanden haben, darf in einem neuen Licht erscheinen – als Möglichkeit, mehr über uns selbst und mehr über die anderen Personen in unserem Leben zu erfahren. Neue, vielleicht auch unerwartete Verhaltensweisen können daraus entstehen. Hoffnung und Zuversicht zur Lösung unserer Konflikte, oder besser gesagt, um Konflikte gehen zu lassen, wandeln sich in konkrete Erfolgserlebnisse.

Im Folgenden möchte ich dir einige neue Denkmuster mitgeben, die dein Leben in der Sekunde verändern könnten, wenn du möchtest.

Konflikte gehören nicht gelöst, sondern gegangen

Konflikte sind etwas Schmerzhaftes. Sie sind mentale Verletzungen der eigenen Werte. Wenn das, was uns im Leben wichtig ist, nämlich unsere Werte, nicht erfüllt wird, tut dies weh. Das kann bis hin zu körperlichen Schmerzen gehen. Der Kampf, dennoch zur Erfüllung der Werte zu gelangen, ist der Konflikt. Je wichtiger ein verletzter Wert ist, desto höher ist die Kampfbereitschaft. Nicht nur verbale Auseinandersetzungen, sondern auch Gewalt, Krieg und Vernichtung können die Folge sein. Das sehen wir Tag für Tag in den Nachrichten. Denken wir nur an die vielen Scheidungskriege, die einen oder beide Partner in den finanziellen Ruin treiben und bei den Eltern und Kindern psychische Schäden hinterlassen.

Werden Werte verletzt, benötigt dies dringend der Heilung. Etwas, das ursprünglich eins war, jedoch auseinandergebrochen ist, soll wieder zusammenkommen, um wieder ganz zu werden. So wie der gebrochene Knochen oder der Schnitt in der Haut, Heilung verbindet die getrennten Teile wieder. Schlimmstenfalls bleibt eine kleine unbedeutende Narbe als Erinnerung. Die Verletzung ist verschwunden, sie ist gegangen. Niemand würde behaupten, einen Schaden am Körper, die Verletzung als Problem gelöst zu haben, sondern Heilung geschah.

Konflikte gehören ebenfalls gegangen. Sie verschwinden, weil Heilung eingetreten ist. Um Heilung zu ermöglichen, ist es so wie in der Medizin: Je eher man damit beginnt, diese einzuleiten, desto höher sind die Heilungschancen. Der richtige Umgang mit der Wunde ist entscheidend, nicht so sehr warum diese zustande kam oder was genau passiert ist.

> *Um Konflikte gehen zu lassen, benötigen wir den richtigen Umgang, das heißt, die richtigen Fragestellungen.*

Das sind Fragestellungen, die danach fragen, wie ein Konflikt erlebt wird und welche Absichten und Interessen dahinterstecken. Was jemand warum in der Vergangenheit gemacht hat, interessiert uns an dieser Stelle sehr wenig bis überhaupt nicht. Wir wollen Konflikte heilen, dafür brauchen wir wenig Information über die Ursachen, sondern viel mehr darüber, wie Heilung stattfinden kann.

Methoden aus dem Konfliktmanagement, die uns lehren, wie wir Konflikte analysieren und bewerten können, wie wir sie wissenschaftlich analysieren können und wie wir ihnen vorbeugen können, tragen sicherlich zum Verständnis von Konflikten bei. Das Verstehen von Konflikten ist jedoch ganz etwas anderes als deren Heilung. Lösungen benötigen wir erst dann, wenn Heilung nicht möglich ist, Symptome zurückbleiben. Wenn Knochenbrüche nicht mehr heilen, dann braucht es möglicherweise eine Operation als Lösung. Denke daher stets an Heilung, wenn Konflikte gehen sollen, und zwar zeitgerecht.

Warum authentisch bleiben Unsinn ist

Die Frage, was man unter Authentizität versteht, bewegt die Teilnehmerinnen und Teilnehmer meiner Kurse, Seminare und Schulungen jedes Mal aufs Neue. Sehr schnell kommt die Antwort, dass Authentisch-Sein und -Bleiben einer der wichtigsten Eigenschaften von Menschen sein sollte. Man solle sich treu bleiben, nicht gekünstelt wirken und so sein, wie man ist. Ich halte dagegen, dass jeder Mensch nur so sein kann, wie er ist. Denkmuster und Verhalten sind eins. Die innere Haltung bedingt das äußere, wahrnehmbare Verhalten.

Ist jemand innerlich unsicher, weiß nicht, wie er reagieren oder agieren soll, ist das im äußeren Verhalten spürbar. Meint jemand, besser wäre es, die Unwahrheit zu sagen und sich einer unangenehmen Situation durch eine Notlüge zu entziehen, schlägt sich dies im Verhalten dieser Person nieder, auch wenn sie unter anderen Umständen immer ehrlich gewesen wäre. Ist die Person deswegen nicht authentisch? Auf keinen Fall. Jeder Mensch ist für sich gesehen immer authentisch, er wird nur von seiner Umgebung als nicht authentisch wahrgenommen und bewertet, und zwar deswegen, weil das beobachtete Verhalten für die Beteiligten komisch wirkt, nicht in das bisher Erlebte einzuordnen ist. Authentizität ist, so wie Charisma, etwas, das einer Person zugeschrieben wird, oder eben nicht.

Willst du dich weiterentwickeln, probierst du neue Dinge in deinem Leben aus, stellst du Fragen, die du bisher noch nicht gestellt hast, dann kann es passieren, dass deine Umgebung dich als nicht authentisch wahrnimmt. Sehr gut. Es ist das untrügliche Zeichen dafür, dass du eine Veränderung durchmachst, dass du neue Dinge probierst, die dich in deinem Leben weiterbringen.

Warum sich selbst treu bleiben dich zum Stillstand bringt

Sich treu zu sein heißt, zu einmal gemachten Zusagen und Vereinbarungen zu stehen. Sich selbst treu zu bleiben bedeutet, die eigenen Überzeugungen, Annahmen und Entscheidungen nicht mehr in Frage zu stellen, nicht mehr zu hinterfragen, sondern konsequent umzusetzen. Da wir Menschen jedoch laufend neue Wahrnehmungen machen und diese als Erinnerungen in unserem unbewussten Museum abspeichern, wird unser Erfahrungsschatz immer größer. Erfahrungen gemacht zu haben bedeutet nicht unbedingt, auch besser geworden zu sein. Erfahrungen können auch dazu führen, dass Menschen an sich zu zweifeln beginnen und unsicher werden. Andererseits sind wir in der Lage, aus allen Erfahrungen, aus guten und aus schlechten, zu lernen. Damit verbunden sind Veränderungen.

> *Zu lernen kann auch heißen, bisherige Überzeugungen infrage zu stellen, Annahmen zu revidieren und Entscheidungen zu widerrufen.*

Enttäuschungen können sich einstellen, weil wir erkennen, dass wir uns bisher in unserem Denken getäuscht haben, und diese Täuschung nun zu Ende ist. Dieses Gefühl nennen wir Enttäuschung. Wir sind gut beraten, Enttäuschungen zuzulassen, vermeintlich Sicheres zu hinterfragen und neu zu bewerten. Denken wir wie ein Schneider, der jedes Mal, wenn er seinen Klienten sieht, neuerlich Maß nimmt. Nur so sind Weiterentwicklung und Anpassung möglich.

Warum es Gerechtigkeit und Gleichbehandlung nicht geben kann

Der Ruf nach Gerechtigkeit und Gleichbehandlung führt immer wieder zu Konflikten in der Gesellschaft. Gesetze werden erlassen, um allen Menschen Chancengleichheit zu geben, unabhängig von Geschlecht, Herkunft, Neigung, Sprache und Religion. Was damit zum Ausdruck gebracht wird, sind Ängste, ausgebeutet zu werden, und dass Macht und Einfluss zu groß werden. Regeln sollen Gerechtigkeit und Gleichbehandlung sicherstellen. Doch kann es Gerechtigkeit und Gleichbehandlung überhaupt geben?

Ich habe schon mehrfach erwähnt, dass das Museum der Erinnerungen für jeden Menschen etwas anderes ist. Kein Wunder, haben wir doch andere Eltern, sind zumindest zu unterschiedlichen Zeiten, womöglich an unterschiedlichen Orten geboren, hatten andere Bezugspersonen, Lehrer, Schul- und Arbeitskolleginnen, waren mit unterschiedlichen Menschen in einer Partnerschaft und haben verschiedene Erfahrungen gemacht. Wir bemerken dies anhand unterschiedlicher Kulturen und Gesellschaftsschichten, anderem Sprachgebrauch und verschiedener Denkmuster. Alle Menschen gleich zu behandeln, würde ihnen nicht gerecht werden. Allen Menschen gegenüber gerecht zu werden, ist aufgrund deren Unterschiedlichkeit nicht möglich.

Was wir jedoch machen können, ist voneinander zu lernen. Wir könnten Unterschiedlichkeit zulassen, Diversität leben. Vielfalt bereichert, ohne mit allem, was Vielfalt hervorbringt, einverstanden sein zu müssen. Lehren wir die

Menschen, ihr Leben selbst in die Hand zu nehmen, helfen wir ihnen, ihren Selbstwert zu entwickeln, um ein selbstbestimmtes und unabhängiges Leben führen zu können. Statt mit der unerfüllbaren Forderung nach Gerechtigkeit und Gleichbehandlung Menschen einzuschränken, können wir Vielfalt leben, sobald wir unsere konfliktbedingten Ängste gehen lassen konnten.

Wie dich das Verlangen nach Respekt und Anerkennung abhängig macht

Wenn ich Menschen danach frage, was ihnen im Arbeitsleben besonders wichtig ist, höre ich oft Respekt und Anerkennung. Respekt und Anerkennung sind für diese Menschen wichtige Werte, die erfüllt werden sollten. Frage ich jedoch weiter, was sie unter Respekt und Anerkennung verstehen und wie diese zu erfüllen sind, stelle ich oft Ratlosigkeit fest. Es sind Begriffe, die oft genannt werden, ohne näher zu bestimmen, was damit gemeint ist. Gemeinsames Überlegen führt zum Beispiel zu folgenden Definitionen: »Respekt ist die Achtung meiner Werte durch andere Personen. Anerkennung ist, wenn mir von anderen bestätigt wird, dass ich gute Arbeit gemacht habe.« Es handelt sich hier um Kriterien, die die Erfüllung der Werte Respekt und Anerkennung anzeigen.

Das Problem ist jedoch, dass sowohl bei Respekt als auch bei Anerkennung ein bestimmtes Verhalten anderer Personen erforderlich ist, damit diese Werte erfüllt sind. Es muss jemand die Werte des anderen achten, es muss jemand anderer Anerkennung zollen. Geschieht dies nicht, und das ist im Arbeitsalltag wahrscheinlich, wird das Verlangen nach Respekt und Anerkennung nicht erfüllt, es ist vom Verhalten anderer Menschen abhängig. Eine gefährliche Abhängigkeit, denn sie führt zum Einfordern von Respekt und Anerkennung. Das Einfordern ist ein Zeichen eines inneren Konflikts der einfordernden Person, denn sie sieht sich in der Erfüllung ihrer wichtigsten Werte verletzt.

Überlege dir an dieser Stelle, wie du dir selbst Respekt und Anerkennung schenken kannst. Was kannst du unabhängig von anderen tun, um diese beiden Werte für dich zu erfüllen? Beginne deine Formulierung mit »Ich mache/tue/gebe …«, wie zum Beispiel »Ich lerne aus meinen guten und schlechten Erfahrungen, sie gehören zu meinem Leben«, oder »Ich bemerke selbst, wenn ich gute Arbeit leiste und hole mir proaktiv Feedback ein.« Wie lauten deine beiden Kriterien, die du für dich unabhängig von anderen erfüllen kannst?

Wie du immer deine Meinung sagen kannst

Mit dem »die eigene Meinung sagen« haben viele Menschen Schwierigkeiten. Andere wiederherum sagen geradeaus, was sie denken, und sie sind sich der Gefahr bewusst, dass dies nicht immer gut ankommt. Eine mögliche Auseinandersetzung oder ein Streit könnten die ungewollte Folge sein.

Wirst du mit Aussagen konfrontiert, denen du nicht zustimmst, hast du zwei Möglichkeiten: Du widersprichst geradeheraus und sagst, was du denkst. Oder: Du fragst: »Wie darf ich das, was du soeben gesagt hast, verstehen?« Im ersten Fall prallen zwei unterschiedliche Meinungen aufeinander. Fühlt sich eine Person aufgrund der Meinung der anderen in der Erfüllung der eigenen Werte gefährdet, also bedroht, entsteht in dieser Person ein innerer Konflikt. Auseinandersetzung, Streit und Kampf zur Wiedererlangung der Erfüllung des verletzten Wertes sind besonders dann die Folge, wenn die Erfüllung eigener Werte vom Verhalten anderer abhängig gemacht wird.

Wenn es dir wichtig erscheint, deine Meinung kundzutun, empfiehlt sich folgende Vorgangsweise: Frage zunächst: »Wie darf ich deine Aussage verstehen? Was meinst du damit? Wie kommst du darauf? Was beabsichtigst du damit?« Diese Fragen helfen dir, die Meinung der anderen Person nachvollziehen zu können, ohne notwendigerweise damit einverstanden sein zu müssen. Vielleicht erfährst du etwas über die Denkweise der anderen Person, die du übernehmen könntest. Zudem bewirkt das Nachfragen, dass sich die andere Person verstanden fühlt, das gibt ihr ein Gefühl von Sicherheit. Es fällt ihr leichter, mit deiner anderen, vielleicht gegenteiligen Meinung, umzugehen. Sobald du bemerkst, die andere Person fühlt sich verstanden, frage, ob es in Ordnung wäre, deine Meinung zu sagen, etwa in dieser Form: »Ist es für dich ok, meine Sichtweise der Dinge offenzulegen?« Ein Ja als Antwort zu bekommen, ist sehr wahrscheinlich. Du kannst jetzt in aller Ruhe deine Meinung darlegen, indem du ebenfalls erläuterst, wie du darauf kommst und was du damit beabsichtigst. Diese Art der Unterredung, die wir als Diskurs bezeichnen, lässt unterschiedliche Sichtweisen zu und erlaubt es, gemeinsame und damit verbindende Absichten zu erkennen.

Warum das Verhalten anderer nichts mit dir zu tun hat

In deinem Museum der Erinnerungen sind nicht nur deine Erfahrungen, sondern auch deine Werte und deren Kriterien, deine Überzeugungen und Annahmen über die Welt sowie deine Vorgangsweisen für alle möglichen Situationen abgespeichert. Sie sind in der Form gespeichert, wie du es als Kind oder Jugendlicher gelernt hast. Sie entsprechen deinen

Erfahrungen, wie du in schwierigen Situationen gut zurechtgekommen bist, wie du Aufmerksamkeit, Anerkennung und Zuneigung bekommen hast. Da hat es als Kind schon geholfen, Unsicherheit und Nervosität zu zeigen, und schon war ein Elternteil zur Stelle. Bei einem Sturz zu weinen, hat auf jeden Fall dazu geführt, dass sich jemand um dich gekümmert hat. Auf diese Verhaltensmuster war Verlass, deswegen wurden sie immer wieder angewandt, geübt und zur Perfektion gebracht.

So kann es auch heute sein, dass du Unsicherheit und Nervosität zeigst, wenn du vor einer Gruppe von Leuten eine Präsentation halten musst und nach Aufmerksamkeit, Anerkennung und Zuneigung strebst – denn so hast du es gelernt und perfektioniert. Nur heute erkennst du, dass dieses angelernte Verhalten ungünstig ist. Es steht dir im Weg, nur leider weißt du keinen Ausweg. Es liegt an deiner Bewertung der Situation. Möchtest du dein Verhalten ändern, musst du deine Bewertung verändern. Mir wurde gesagt, dass alle Menschen im Publikum meine Freunde seien und nur meinetwegen gekommen seien. Ich brauchte nicht mehr nervös zu sein, da ich mir die Aufmerksamkeit, Anerkennung und Zuneigung jetzt selbst geben konnte.

Dein Verhalten hat somit nichts mit den anderen, dich umgebenden Menschen zu tun, sondern ausschließlich damit, wie du die Situation bewertest. Du bist für dein Verhalten selbst verantwortlich. Genauso sind die anderen Menschen für deren Verhalten selbst verantwortlich, es hat nichts mit dir zu tun, sondern nur mit ihnen selbst, wie sie ihre Situation bewerten.

Wie du anderen gegenüber empathisch sein kannst

Empathie und Mitgefühl sind wichtige Werte in unserer Gesellschaft. Sie ermöglichen Zusammenhalt und ein wohlwollendes Miteinander, dürfen jedoch auf keinen Fall mit Mitleid verwechselt werden.

Mitleid bedeutet, wie die Bezeichnung schon sagt, mit der anderen Person mitzuleiden. Die Erfahrungen dieser Person, wie der Verlust eines geliebten Menschen, werden als eigene Wahrnehmungen projiziert, und der mitleidende Mensch empfindet dieselben Gefühle, wenngleich auch in abgeschwächter Form. Dennoch machen ihn Gefühle wie Trauer, Schuld und Angst unfähig, eine gute Unterstützung für die trauernde Person zu sein. Mitleid birgt die Gefahr, sich selbst zum Opfer der Situation zu machen, obwohl man es nicht ist. Vielleicht kennst du jemanden, der immer wieder über seine Krankheiten spricht und seine Symptome und Schmerzen in aller Ausführlichkeit schildert, sodass sie für andere leicht nachvollziehbar sind. Das Leid dieser Person wird erlebbar, man kann sich vorstellen, alle diese Krankheiten und Schmerzen selbst zu haben. Die Vorstellung, es selbst zu erleben, löst im eigenen Körper ähnliche Wahrnehmungen und Symptome aus. Man beginnt, mitzuleiden.

Empathie hingegen ist die Fähigkeit, die Situation der anderen Person zu sehen und anzuerkennen. Um empathisch zu sein, frage dich, wie es dieser Person geht, welcher Gedanke ihr aktuell helfen kann, sich trotz der widrigen Umstände, nämlich in unserem Beispiel den Verlust eines geliebten Menschen zu beklagen, gut zu fühlen? Leite die andere Person an, sich an gute und kraftvolle Momente im Leben zu erinnern. Sage ihr zum Beispiel: »Behalte stets die schönen Erinnerungen im Gedächtnis und spüre die Freude von damals.« Jemand, der sehr ausführlich über seine Krankheiten und sein Leid spricht, kann von dir empathisch, ohne zu bewerten, angesprochen werden, indem du sagst »Ich sehe, wie es dir geht.« Du nimmst die Situation der anderen Person wahr, und du lässt das Leid dort. Frage ehrlich und interessiert, was der Person helfen könnte, ihre missliche Lage zu verbessern. Hilf der Person, sich an eine Zeit zu erinnern, in der es ihr gut ging, und die Welt in Ordnung war. Das ist Empathie, du siehst, nimmst wahr und bleibst emotional geschützt. Da du dich nicht emotional hinunterziehen lässt, bist du wesentlich besser in der Lage zu helfen. Deine Gedanken bleiben klar, du entwickelst hilfreiche Ideen und bist tatsächlich eine wertvolle Stütze für diese Person.

Wie du dein Selbstwertgefühl heben kannst

Ein hohes Selbstwertgefühl bedeutet, die Kriterien zur Erfüllung deiner eigenen Werte selbst umsetzen zu können. Alles, was dir im Leben wichtig ist, kannst du grundsätzlich selbst erfüllen, das macht ein hohes Selbstwertgefühl aus. Schreibe dir jeweils eine Liste, was dir im Berufsleben, in deiner Partnerschaft, mit deinen Freunden, bezüglich deiner Gesundheit, deiner persönlichen Entwicklung und deiner Spiritualität wichtig ist. Schreibe einen Begriff nach dem anderen. Beginnen sich Begriffe zu wiederholen, dann ist es Zeit, alle aufgeschriebenen Begriffe in die Reihenfolge ihrer Wichtigkeit zu bringen, der wichtigste Wert an erster Stelle, der zweitwichtigste danach usw. Schreibe anschließend zu jedem Wert dazu, wie du erkennen kannst, dass dieser Wert erfüllt ist. Bringe jedes dieser Kriterien in eine Form, die du selbst erfüllen kannst. Ein hohes Selbstwertgefühl ist der beste Schutz vor Konflikten, es macht dich resilient.

Hier ein Beispiel einer meiner Klienten aus dem Lebensbereich »Persönliche Entwicklung«:

1. *Optimismus:* Ich vertraue auf das Gute.
2. *Freude:* Ich gönne mir etwas Gutes und Nettes.
3. *Ausgeglichenheit:* Ich bin ruhig und geduldig, ich schlafe ausreichend und gut.
4. *Zeit für mich:* Ich habe pro Tag mindestens eine Stunde für mich reserviert und nutze sie.
5. *Freunde:* Ich gebe vor, wann ich Zeit für Treffen habe.
6. *Hobbys:* Ich entwickle mich weiter und werde besser dabei.
7. *Spaß:* Ich lache über meine eigenen Scherze.
8. *Freundlichkeit:* Ich lächle, wenn ich etwas erreichen möchte.

Jeder Wert ist mit einem Kriterium ausgestattet, das diese Person jederzeit selbst erfüllen kann. Sie kann somit jeden ihrer Werte jederzeit durch einfache Tätigkeiten selbst erfüllen. Diese Tätigkeiten sind leicht in den Alltag zu integrieren. Die Person ist unabhängig vom Verhalten anderer Menschen und unabhängig von den zweifellos nicht immer erfreulichen Umständen. In unserem Abschlussgespräch hat sie wunderbar bemerkt, dass sie von nun an frei ist.

Wie du jederzeit vergeben und verzeihen kannst

Menschen fühlen sich verletzt, wenn sie belogen oder betrogen werden, wenn sie sich ausgenutzt fühlen oder gemobbt werden. Sie fühlen sich verletzt, weil sie die Schuld an ihrer Situation dem Täter oder der Täterin zuschreiben. Die Person, der wir die Schuld geben, geben wir die Macht über uns. Ein innerer Konflikt ist die Folge.

Der Akt des Vergebens und Verzeihens bringt dir die Macht über dich selbst zurück. Hast du verziehen, bist du nicht mehr Opfer der Umstände. Du kannst beginnen, dich aus der misslichen Lage zu befreien, in die du dich selbst gebracht hast. Der Gedanke, dass du dich selbst in diese Situation gebracht hast, ist sehr hart, das ist mir bewusst. Durch die Anerkennung dieses Gedankens bekommst du die Möglichkeit, deine Lage zu verbessern, da du wieder Verantwortung für dich und dein Handeln übernimmst. Vergeben und Verzeihen macht den Täter und sein Verhalten nicht besser und legitimiert es auch nicht. Du gibst dir jedoch selbst die Erlaubnis, dein Leben zu gestalten und zu verbessern.

Ein weiterer Aspekt ist, sich selbst zu verzeihen. Bist du selbst durch dein Handeln schuld an einer misslichen Situation, verantwortlich für ein Fehlverhalten, das du an den Tag gelegt hast, und hast du jemandem Schaden zugefügt, dann kann dieses schlechte Gefühl noch sehr lange in dir nagen. Warum ist das so? Wir geben uns die Schuld an den Folgen unserer Tat, und die Erinnerung daran ist so mächtig, dass sie traumatisiert. Die Gedanken kreisen ständig darüber, ohne dass sich Erleichterung einstellt. Auf die Möglichkeit, in dieser Situation sich selbst verzeihen zu können, kommen die meisten Menschen nicht. Sie müssen darauf aufmerksam gemacht werden. Sich selbst zu verzeihen, das bedeutet zu verstehen, dass man damals das Beste gegeben hat, was man geben konnte. Jeder Mensch tut zu jeder Zeit das Beste, das ihm in diesem Moment möglich ist, auch wenn es falsch oder unzulänglich ist. Sich selbst zu verzeihen bedeutet, für das nächste Mal zu lernen, was man anders und besser machen kann. Es bedeutet, Abstand zu gewinnen, bewusst einen Schritt zurückzutreten und sich zu sagen: »Ich gab mein Bestes, und ich weiß, es war nicht gut genug. Dazu stehe ich und es tut mir leid. Ich habe daraus gelernt, mein

Leben und das meiner Umgebung zu verbessern. Danke für diese Erfahrung.«

Du darfst empathisch zu dir selbst sein, du darfst anerkennen, Ecken und Kanten zu haben, Fehler zu machen und unpassendes Verhalten zu zeigen. Wenn du dir selbst verzeihst, machst du einen großen Schritt nach vorn, du verlässt die Opferhaltung, du wirst zum Gestalter deines Lebens. Du veränderst, was du an dir nicht in Ordnung findest.

Wie du der wichtigste Mensch in deinem Leben bist

In meinen Seminaren frage ich die Teilnehmenden immer wieder, wer aus ihrer Sicht der wichtigste Mensch in ihrem Leben ist. Ich blicke oft in ratlose Augen, diese Frage wurde ihnen noch nie gestellt. Als Antwort höre ich, dass die Kinder oder der Lebenspartner wohl die wichtigsten Menschen im eigenen Leben sind.

Wir sind es in unserer christlich-abendländischen Kultur gewohnt, uns klein und abhängig zu fühlen. Dieser Gedanke macht uns jedoch schwach und unsicher. Organisationen, die Erlösung versprechen, die Sinn geben, sehen ihre Chance, Menschen für sich zu gewinnen. Aus meiner Sicht ist jedoch jeder einzelne Mensch der wichtigste in seinem Leben. Nur wenn es dir gut geht, wenn dein Selbstwert hoch ist, wenn du Selbstvertrauen hast, dann kannst du für dich und für andere sorgen. Strebe danach, deine Werte selbst erfüllen zu können und achte auf deine Absichten, damit sie zum Wohlwollen der Menschen beitragen. Der wichtigste Mensch im eigenen Leben zu sein, ist kein Freibrief für Narzissmus oder Überheblichkeit, sondern ein Aufruf, Verantwortung für sich und für andere zu übernehmen, die diese Unterstützung benötigen.

So bist du wieder eins

Jeder Mensch zeigt stets das ihm bestmögliche Verhalten. Jeder Mensch ist überzeugt, dass sein aktuelles Verhalten das Beste ist. Diese Grundannahmen unserer Kommunikation erlauben uns, anderen Menschen auf Augenhöhe zu begegnen, denn sie treffen auch für uns selbst zu. Es ist uns klar, dass wir Verhaltensweisen zeigen und an anderen beobachten, die in manchen Situationen vollkommen unpassend sind. Zum Beispiel, wenn wir respektlos, unachtsam und rücksichtslos mit uns selbst und mit anderen umgehen. Dennoch, es war in dem Moment das Beste, das wir zeigen konnten.

Jedes einzelne Verhalten, das wir an den Tag legen, trägt eine Absicht in sich. Auch jene Verhaltensmuster, die wir an uns selbst nicht ausstehen können, wie zum Beispiel Ungeduld, Nervosität oder Gereiztheit, haben eine Intention. Genauso gilt dies für unsere Streit- und Konfliktpartner: Alles, was sie tun, ist mit einer Absicht verknüpft. Wir können diese nicht erkennen, wir sehen nur deren Verhalten, das uns stört und durch das wir uns vielleicht bedroht fühlen.

Ergründe die Absichten all deiner Verhaltensmuster, der angenehmen und der unangenehmen. Frage dich, was du damit bezwecken willst.

- Was sind die Absichten und die dahinterliegenden Interessen?
- Möchtest du gehört und verstanden werden?
- Sind es Aufmerksamkeit, Anerkennung oder Zuneigung, nach denen du strebst?

Mit der Zeit wirst du erkennen, dass jedes einzelne deiner Verhaltensmuster eine höchste Absicht hat, und das ist Zugehörigkeit, oder in anderen Worten ist es Liebe. Dieses Gefühl macht dich eins mit dir selbst, es ist die Heilung allen Übels und aller Konflikte deines Lebens.

Nachwort

»Besser streiten«, ist einerseits eine Kunst und andererseits eine Aufforderung, es auch zu tun. Was die Kunst betrifft, solltest du ehrliches Interesse an der anderen Person, mit deren Meinung du nicht einverstanden bist, haben und dich ausführlich mit ihr beschäftigen. Versuche stets, deren Gedankengänge, deren Denkmuster herauszufinden. Entdecke, was der anderen Person besonders wichtig ist und welche Absichten sie verfolgt. Findest du Intentionen, die mit den deinigen übereinstimmen, lassen sich leichter Wege finden, diese Absichten zu befriedigen. Sind die jeweiligen Intentionen unterschiedlich, so gibt es sicherlich einen Weg, der für beide Parteien gangbar ist und die unterschiedlichen Absichten beide erfüllt.

»Besser streiten« wird zur Aufforderung, wenn andere das Instrument der Empörung nutzen, um sich vermeintlich Recht zu verschaffen. Allzu oft führt Empörung dazu, dass jene, über die sich empört wurde, klein beigeben, anstatt ihre Meinung zu vertreten und die Empörer danach zu fragen, »wie« sie zu ihrer Ansicht gekommen sind. Klein beizugeben macht die Gruppe der Empörer immer stärker. Es ist eine Art Mobbing, wo der Gemobbte mundtot gemacht werden soll. Wir dürfen uns dies in unserer Gesellschaft nicht gefallen lassen. »Besser streiten« ist das Mittel der Wahl, dem entgegenzutreten.

Nicht jeder Streit, nicht jede Meinungsverschiedenheit und nicht jede Auseinandersetzung ist automatisch ein Konflikt. Sie werden aber zu einem Konflikt, wenn sich eine Person in der Erfüllung ihrer Werte bedroht fühlt, wenn ein Kriterium eines Werts verletzt wird, wenn eine diesbezügliche Erwartungshaltung an eine andere Person nicht erfüllt wird.

Konflikte sind mentale Verletzungen, die Heilung bedürfen.

Konflikte muss man weder ergründen noch verstehen, sondern gehen lassen. Sie liegen im Selbstwert der betreffenden Person begründet. Erst wenn der Wert geheilt ist, wenn das Kriterium zu Erfüllung des verletzten Werts erfüllt ist, ist der Konflikt gegangen. Daraus können wir schließen, dass jeder Konflikt immer ein innerer Konflikt ist. Eine äußere Wahrnehmung wird als Verletzung eines Werts empfunden, und der Konflikt ist manifestiert. Ratlosigkeit macht sich breit, was den Umgang mit dieser Situation betrifft.

Das Einzementieren auf den eigenen Standpunkt, der Angriff auf die andere Person, mitunter eine gewalttätige Auseinandersetzung sind Folgen des inneren Konflikts. Dabei wäre es so einfach, sich selbst zu hinterfragen und herauszufinden, wie der verletzte Wert geheilt werden könnte. Ist das Kriterium des verletzens Werts vielleicht so formuliert, dass es nur durch eine andere Person erfüllt werden kann? Suggeriert es Abhängigkeit? Aus meiner Erfahrung ist dies meistens der Fall. Definieren wir die Kriterien unserer Werte so, dass wir sie selbst erfüllen können, kennen wir keine Konflikte. Warum? Ganz einfach, jeden Wert, den ich selbst erfüllen kann, macht mich unabhängig vom Verhalten anderer Menschen. Ich höre deren Meinung, beobachte deren Tun und bin interessiert, mehr darüber zu erfahren, auch wenn ich mit ihnen in keiner Weise übereinstimme. Wir haben uns in den vorhergehenden Kapiteln ausführlich damit beschäftigt.

Denke immer daran, dass jedes Verhalten eines jeden Menschen eine unsichtbare und unbewusste Absicht birgt. Diese unbewusste Absicht trägt immer zur Erfüllung der

Werte dieser Person bei, zumindest aus deren Sicht. Deren Verhalten hat nichts mit dir zu tun, sondern liegt in den Werten und dessen Kriterien, in den Erfahrungen, Erlebnissen und den Entscheidungen dieser Person begründet, die diese im Laufe ihres Lebens gemacht hat. Erinnere dich an das Museum der Erinnerungen, das für jeden Menschen individuell ist und dessen ureigene Erinnerungen beheimatet. Wir haben zwei Fragestellungen kennengelernt, die es uns ermöglichen, das Museum der Erinnerungen, sowohl unser eigenes als auch das anderer Menschen, zu ergründen. Es sind dies die »WIE«- und die »WOZU«-Fragen. Die Wie-Fragen bringen Denkmuster, Gedankengänge, Überlegungen und Schlussfolgerungen zum Vorschein, die Wozu-Fragen erläutern die dahinterliegende Absicht, den Sinn, das Interesse und den damit verbundenen Zweck. Übe dich in diesen Fragestellungen: »Wie kommst du darauf?« und »Was ist deine Absicht, wie macht das Sinn für dich, wozu möchtest du das?« Die Antworten werden vielleicht nicht gleich gegeben werden. Gib deinem Gegenüber etwas Zeit zum Nachdenken. Wird die Frage nicht verstanden, wiederhole sie im selben Wortlaut, und warte still und geduldig auf die Reaktion. Stelle dir diese Fragen immer wieder selbst, um mehr über dich zu erfahren. Hole dein Unbewusstes an die Oberfläche und adaptiere das Museum deiner Erinnerung, um dein Verhalten zu verbessern, dein Selbstwertgefühl zu erhöhen.

Je besser du in der Lage bist, die für dich wichtigen Werte zu erfüllen, desto höher ist dein Selbstwert. Dazu ist es notwendig, sich die eigenen, zunächst unbewussten Werte bewusst zu machen und deren Erfüllungskriterien zu ergründen. Definiere jedes Kriterium so um, dass du es selbst erfüllen kannst. Dein Verhalten wird durch diese Kriterien bestimmt. Bist du jemand, der sich abhängig vom Tun anderer Menschen fühlt, oder bist du bereits jemand, der sich frei fühlt?

» Frei bist du dann, wenn du deine wichtigen Werte selbst erfüllen kannst.

Denke daran, du wirst stets Menschen begegnen, die mit deiner Werte- und Kriterienwelt kompatibel sind, denn sie spiegelt sich in deinem Verhalten. Gleich und gleich gesellt sich gern, genauso ist es hier: Menschen, die sich abhängig fühlen, kommen zusammen, Menschen, die sich frei fühlen, kommen ebenfalls zusammen. Nur wenn du dich frei fühlst, kannst du Partnerschaften mit anderen Menschen eingehen, die sich ebenfalls frei fühlen. Erst wenn du dich frei fühlst, kannst du für andere Menschen Sorge tragen, dich um sie kümmern, wenn sie dich brauchen. Du kannst Empathie, ehrliche Anteilnahme und Interesse bekunden. Du kannst verzeihen, jederzeit deine Meinung verständnisvoll formulieren, dich sachlich durchsetzen und mit anderen in tiefe Beziehung und erkenntnisreichen Diskurs treten. Mentale Stärke und körperliche Gesundheit werden dich begleiten. Konflikte werden etwas sein, an das du dich aus der Vergangenheit dunkel erinnern kannst. Du bist wieder eins.

Literaturverzeichnis

Albrecht, Thomas W.: Die besondere Kraft der achtsamen Sprache. Wie wir reden, bestimmt unser Leben. Wien (Goldegg), 2022

Albrecht, Thomas W.: Die Rhetorik des Sebastian Kurz. Was steckt dahinter? Wien (Goldegg), 2019

Albrecht, Thomas W.: Kampfrhetorik. So werden wir gegen unseren Willen beeinflusst, und was wir dagegen tun können. Wien (Goldegg), 2020

Axelrod, Robert: Die Evolution der Kooperation. München (R. Oldenburg Verlag), 1995

Bacher, Johann et.al.: Sozialstruktur und Wertewandel in Österreich. Trends 1986–2016. Wiesbaden (Springer VS), 2019

Bandler, Richard: Veränderung des subjektiven Erlebens. Fortgeschrittene Methoden des NLP. Paderborn (Junfermann Verlag), 2011

Beck, Don Edward: Spiral Dynamics. Mastering Values, Leadership, and Change. Malden, USA (Blackwell Publishing), 2006

Dilts, Robert: Die Magie der Sprache. Paderborn (Junfermann Verlag), 2016

Glasl, Friedrich: Konfliktfähigkeit statt Streitlust oder Konfliktscheu. Die Chance, zu sich selbst und zueinander zu finden. Donach (Goetheanum), 2020

Glasl, Friedrich: Konfliktmanagement. Ein Handbuch für Führung, Beratung und Mediation. Bern (Haupt), 2020

Kritzinger, Sylvia et.al.: Quo vadis Österreich? Wertewandel zwischen 1990 und 2018. Wien (Czernin), 2019

Pfister, Rene: Ein falsches Wort. Wie eine neue linke Ideologie aus Amerika unsere Meinungsfreiheit bedroht. München (Deutsche Verlags-Anstalt), 2022

Rosenberg, Marshall B.: Konflikte lösen durch Gewaltfreie Kommunikation. Ein Gespräch mit Gabriele Seils. Freiburg (Herder), 2012

Jiranek, Heinz; Edmüller, Andreas: Konfliktmanagement. Konflikte vorbeugen, sie erkennen und lösen. Freiburg (Haufe), 2021

Satir, Virginia: Das Satir-Modell. Familientherapie und ihre Erweiterungen. Paderborn (Junfermannsche Verlagsbuchhandlung), 2011

Schulz von Thun, Friedemann, et.al.: Miteinander reden. Kommunikationspsychologie für Führungskräfte. Hamburg (Rowohlt Taschenbuch), 2008

Schwarz, Gerhard: Konfliktmanagement. Konflikte erkennen, analysieren, lösen. Wiesbaden (Springer Gabler), 2014

Sprenger, Reinhard K.: Magie des Konflikts. Warum ihn jeder braucht und wie er uns weiterbringt. München (Pantheon), 2022

Watzlawick, Paul: Anleitung zum Unglücklichsein. München (Piper Verlag), 2007